学校から保護者へ伝える

スマホ・タブレットと健康 つき合える子ど の育て方

JN071231

松島恒志

日本標準

はじめに

　子どもたちが、スマートフォンやタブレット等の情報端末を、ときには大人以上に上手に使いこなす時代となりました。情報端末を活用すれば、情報検索、ＳＮＳ、動画・音楽再生、写真・動画撮影、オンラインゲームなどさまざまなことができ、私たちの暮らしをより豊かに、便利に、楽しくしてくれます。しかし一方で、過剰な使用による生活リズムの乱れ、健康被害、学力への影響、ネットトラブル等を心配する声も多く聞かれます。

　そんな心配に拍車をかけたのがコロナ禍です。コロナ禍では人との対面の関わりが敬遠され、「オンライン」が主流となりました。コロナ対策のための制限に関して、大人に対してはわりと緩い部分もあったにもかかわらず、学校の子どもたちに対しては非常に厳しい制限が敷かれました。一生の思い出にもなりうる宿泊行事や運動会等、学校行事の中止や縮小、友達と楽しく食べるはずの給食の「黙食」、となりの机との間隔を１メートル以上にする（そんなことをしたら教室に入りきれません）等々……。このような状況に置かれた子どもたちが、オンラインゲームに夢中になり、ＳＮＳで友達とコミュニケーションを図ろうとしたのは自然な流れでもありました。

　コロナ禍が明けたからといって、すぐに子どもの情報端末の利用状況が変わるはずもなく、ネットトラブルが増え、依存を起因とする不登校傾向や健康被害の兆候が多くみられ、学校での対応もますます大変になってきています。家庭での情報端末使用が主な要因になっているこの問題に対して、学校が「家庭のことだから」と家庭に任せきりにし対策を行わなければ、結局子どもへの影響が大きくなり、家庭はもちろん、学校、先生方が疲弊していくことにつながるのです。

また、現在の学校では、コロナ禍で大きくクローズアップされた「ICT教育」の位置づけが、ますます大きくなっています。ICT教育は、「情報通信技術を活用した教育」と直訳できますが、情報端末や通信技術を授業（学び）に使うことだけを指しているのではありません。ICTは、Information and Communication Technology の略で、コミュニケーションという言葉が入っています。コミュニケーションという言葉は広い意味をもち、単なるデータの相互通信という意味もありますが、そこには「人と人とのコミュニケーション」という意味も含まれます。人と人とのコミュニケーションには、マナーもルールもありますし、自分の身の安全や健康を守るための術《すべ》も学ばなくてはいけないのです。ICT教育を車に例えるなら、前に進むためにアクセルが必要ですし、目指す方向に進むためにハンドルが必要ですし、障害を避けるために、また止まるためにブレーキが必要です。これらを学ぶのが情報リテラシー・情報モラル教育であり、ICT教育に欠かせない教育なのです。

私は、子どもと情報端末とのよりよい関係について20年にわたって研究し、学校や家庭、地域社会へ啓発を続けてきました。理解者・協力者を増やすべくこの課題に挑み、わずかずつではありますが、成果が見えてきました。この本を手にする皆さんにも、次代を担う子どもの健全な育成に大きく関わるこの課題に、ぜひ前向きに挑んでほしいと願っています。本書がその一助になれば幸いです。

２０２４年３月

松島恒志

目次

PART
1

アンケート結果から課題を見いだす

子どもたちのスマホ・タブレット使用による健康上の課題を考えるためには、まず子どもたちの利用実態を把握することが重要です。

ここでは、10 万人規模で行っているアンケート調査をもとに、現在どのような課題があるのかを考えてみましょう。

1 子どもの利用実態から課題を見いだす

２００４年、私は公益社団法人信濃教育会教育研究所に入所しました。研究所ではコミュニケーションツールとしてのインターネット活用について研究を進め、日本の学校と海外の姉妹校とのテレビ会議機能を使った交流会を立ち上げようとしているところでした。コロナ禍を機に、テレビ会議がクローズアップされましたが、今から20年ほど前に海外とのテレビ会議にチャレンジしていたのです。

テレビ会議の準備が順調に進み、さあこれからという２００４年6月1日、佐世保・小6女児同級生殺害事件が起きました。インターネットでのトラブルがきっかけで、小学校6年生の女児が学校内の教室でカッターナイフを使って友達を殺害してしまったのです。マスコミではこのニュースが連日報道され、評論家が「小学生でインターネットを利用するのは早すぎるのではないか」といった意見を述べ、多くの市町村が、小中学校でのインターネット使用を制限したり、パソコン教室でのインターネット使用を一切できなくしたりしました。

しかし、こうして盛り上がった子どものインターネット使用禁止や制限の機運はやがて薄れ、子どもがインターネットを自由に使える状況が広がり、いわゆるネットトラブルやネット依存、ゲーム依存の課題は日に日に大きくなっていきました。

そのような状況の中、２０１４年に私は長野県佐久市教育委員会に出向しました。子どものインターネット活用に関して課題を感じていた私は、子どもの実態を調査して具体的な課題を可視化すれば、情報リテラシー・情報モラル教育の重要性を多くの人に理解してもらうことができ、啓発活動が広がるのではないかと考え、「スマホ、タブレット、ゲーム機等に関するアンケート」と題して佐久市内の小中学校24校における悉皆《しっかい》調査を実施しました。その後、このアンケート調査は、情報化社会の変化に合わせてその質問内容を変えつつ長野県全体へ広がり、現在は「情報端末とのよりよい関わりに向けたアンケート」と称し、基本的には長野県内のすべての小中学校と、高等学校の希望校が参加する10万人規模のアンケート調査となりました（他県の一部の市も参加しています）。この種の調査は全国でも行われており、本格的な子どもの情報端末利用実態調査としては、内閣府（２０２３年からはこども家庭庁）の行う「青少年のインターネット利用環境実態調査」がありますが、この調査の青少年の調査対象は満10歳～満17歳の５千人です。長野県のように10万人規模で毎年行われている調査は、私が知る限りほかにありません。

日本全国の視点でみれば、東京都などの都市部と、山間部や過疎地域が多い県とでは実態に差があるものの、情報端末への依存傾向、それに付随する健康への影響、ネットトラブル等は、地域に関係なく大きな課題となっています。これから紹介する調査の結果を、子どもたちの情報端末利用の実態を把握し課題を見いだすための貴重なデータとしてとらえ、この本をお読みの皆さんにも共に課題を考えていただきたいと思います。

※以下の出典の記載がないグラフは、「令和5年度スマホ、タブレット、ゲーム機等に関するアンケート」（「子どもとメディア信州」および長野県・長野県教育委員会が共同で実施／調査対象児童生徒9万7727人）の調査結果より作成しています。長野県教育委員会のホームページでも調査結果を公表しています。（巻末出典参照）

※本書の「情報端末」とは、スマートフォン（以後スマホと表記）、タブレットパソコン（以後タブレットと表記）、ノートパソコン、デスクトップパソコン、携帯ゲーム機等を指します。

2 スマートフォンの所持率

「モバイル社会白書２０２３年版」（株式会社ＮＴＴドコモ モバイル社会研究所）によれば、小学校高学年のスマホ所持率（自分専用のスマホを持っている率）は約４割、中学生のスマホ所持率は約８割となっています。また、高校生のスマホ所持率が１００パーセントに近いことは、多くの方が認識していることと思います。したがって、小中学校、高校におけるネットトラブル等の指導事案で最も多く関わってくる情報端末がスマホといわれるのも当然のことだと考えられます。

前述の調査によると、小中学生の都市部でのスマホ所持率の上昇は、ここ数年で頭打ち傾向が見られますが、**山間部や過疎地域を多く抱える県では、今なおスマホ所持率の低年齢化**が進んでいます。

スマホをいつ所持するようになるのかの実態を把握することは、いつ重点的にスマホの使い方について学習していくべきかを考える手がかりとなります。また、子どもの中には家族のスマホや「お古のスマホ」（家族が使わなくなったスマホをWi-Fiで使うこと。内閣府の調査では「契約していないスマホ」と称している）を使うケースも多く、それらのスマホにはフィルタリング等の制限がかかっていない場合もあることから、金銭トラブル等のもとになっています。これらの利用状況を把握することも重要です。

図1のグラフは、長野県の小中学生のスマホ所持率です。長野県は昔から「教育県」として知られており、最近まで、「スマホは高校生になってから」という風潮が年配の人を中心に残っており、他県に比べてスマホ所持率が低い傾向にありました。しかし、その長野県でも「スマホは中学生になっ

■図１　小中学生のスマホ所持率

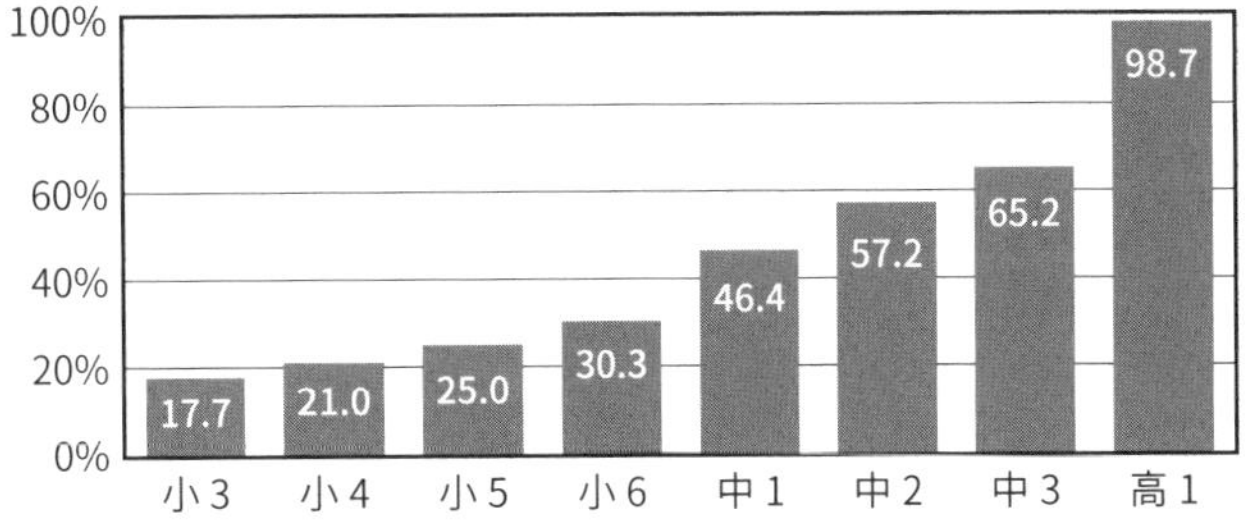

てから」という風潮が広がりつつあります。したがって、スマホを新たに手に持つ割合が高い中学校1年生と高校1年生でのトラブルが多くなる傾向があります。新しい学校生活、新しい人間関係が始まる学年の情報リテラシー・情報モラル教育は非常に重要な役割を果たします。

　図2のグラフは、小中学生のスマホ所持率と、占有・共有の割合を調べたものです。**自分占有のスマホの所持率が高いと、スマホを介した児童・生徒指導事案の発生率は高くなります。**また、自分占有のスマホの所持率が低い学年層は共有の割合が高くなります。**共有スマホ、お古のスマホの割合が高くなると、前述したように金銭トラブルが起きやすくなる傾向があります。**スマホの所持率が高いこと自体は悪いことではありませんが、トラブルが起きやすくなるということを念頭に置いておく必要があります。

　これらの調査により、学年ごとのスマホ所持率の一端がわかりますが、小中学生は友達の影響を受けやすい傾向がありますから、学級の誰かがスマホを買って自慢すれば、学級全体へ影響を及ぼし、その学級や学年の所持率が上がっていくことがよくあります。そのため、学校関係者は、学校や市町村全体のくくりで状況を判断するだけにとどめず、**学校、学年、学級ごとの状況を把握して、子どもたちがより自分ごととして考えられる**情報リテラシー・情報モラル教育を推進していくべきだと思います。

■図2　小中学生の占有・共有のスマホ所持率

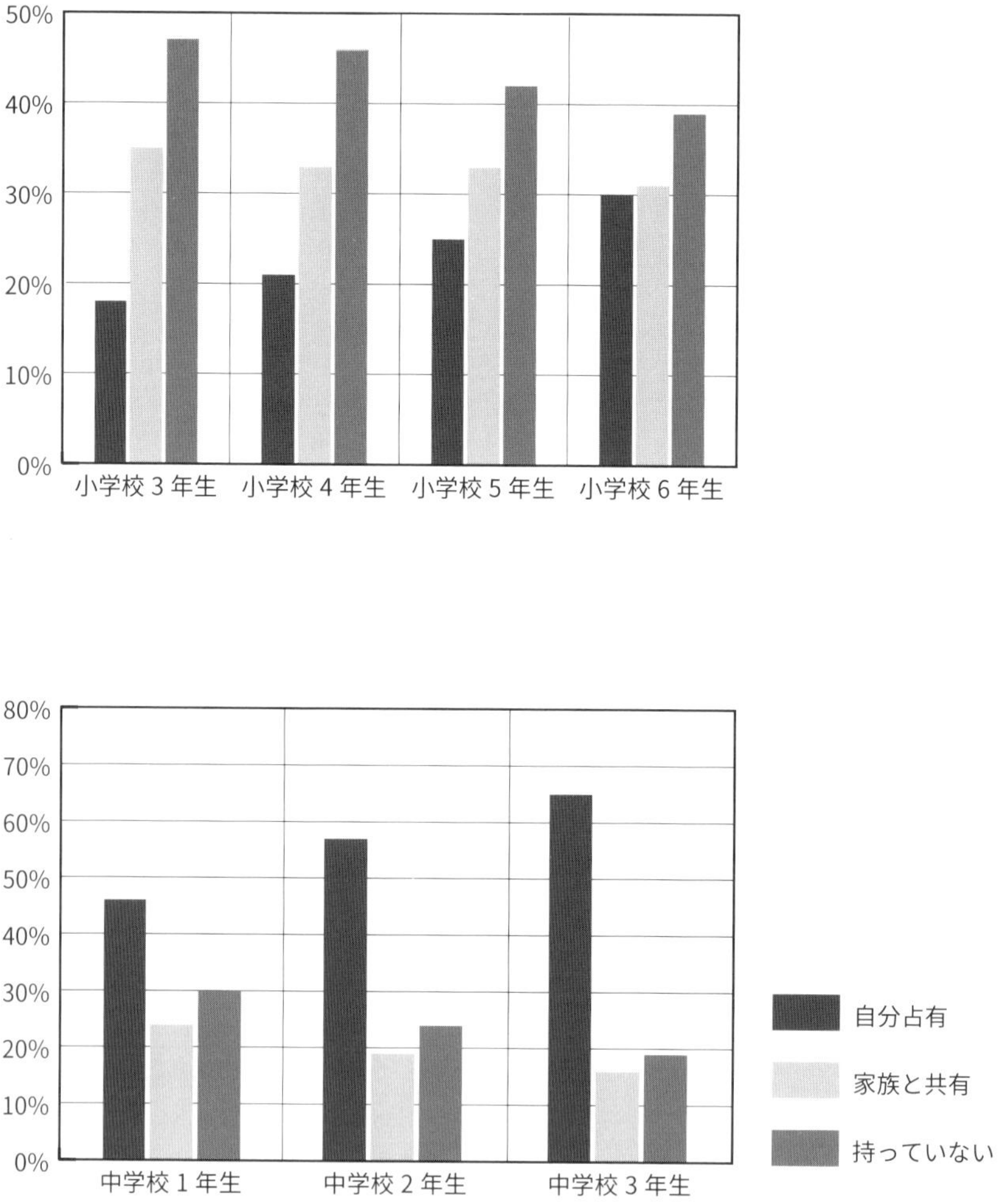

3 スマホやタブレットを何に使っているのか

情報端末利用による依存傾向やネットトラブルについて考えるとき、子どもが何をどのように利用しているかを把握することは大事な基礎データとなります。私がアンケートを取り始めたおよそ10年前から使用目的は徐々に変化しています。**変化をいち早く把握し、対応策を考える必要**があります。

図3のグラフを見てください。子どものスマホやタブレットの使用目的の第1位は、10年前から変わらず「動画を見る」です。小学校3年生から高校3年生まですべての学年で1位となっています。調査開始時からずっと第2位なのは「ゲーム」（主にオンラインゲーム）でしたが、ここ数年で変化が表れました。小学生の第2位は相変わらず「ゲーム」ですが、中学生の使用目的の第2位は「調べる（勉強以外）」となりました。スマホが私たちの生活に深く溶け込み、大人でもちょっと疑問に思うこと、調べたいことを手元にあるスマホですぐ調べるという行動がふつうになってきました。その動きが、中学生にも表れてきたということだと思います。高校生の第2位は10年前から「SNS等」です。高校生は、1位が「動画を見る」、2位が「SNS等」ということで、自然と使用時間が長くなる傾向が見えます。さらにここ数年、使用目的で上位に入ってきたものに「音楽を聴く」があります。音楽そのものを楽しんでいる子どももいますが、いわゆる**「ながら勉強（音楽を聴きながら勉強する）」をする子どもも多く**なってきました。音楽だけではない「ながら○○」が増えてきていて、私が相談を受けた依存傾向の子どもの中には、ゲームをやりながら勉強をしている子どもや、ゲームとSNS、勉強を同時に行う（同時といっても、くるくると切り替えながら行う）という子どももいました。

■図3　スマホ・タブレットの使用目的

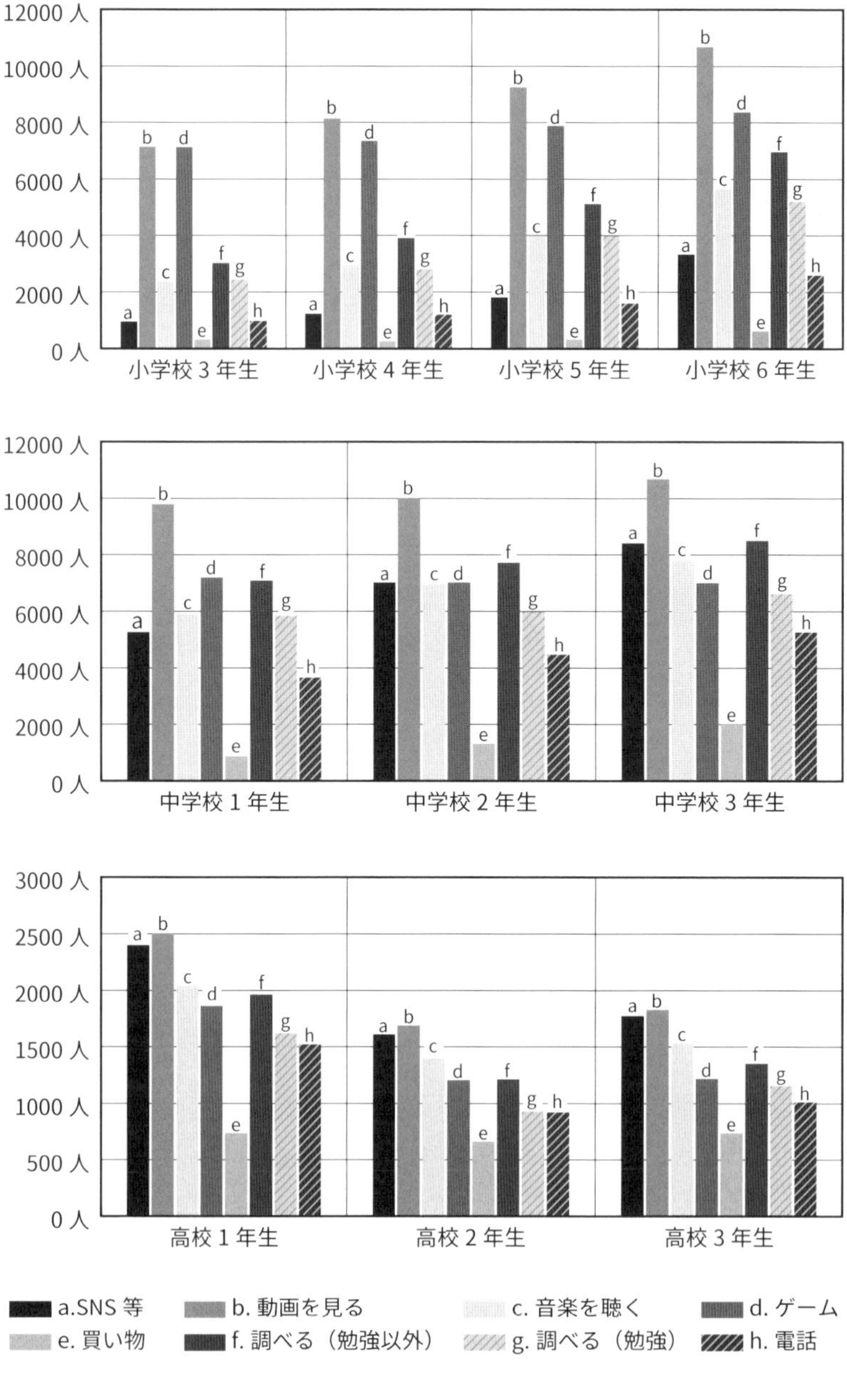

さて、**図4**のグラフで、「動画を見る」の具体的な中身についても見てみましょう。10年前からずっと小中学生、高校生で第1位なのは、「ユーチューバーの動画」です。推しのユーチューバーの動画を次々に見たり、くり返し見たりするという子どももいますが、さまざまなジャンルの動画をはしごするように見続ける子どももいます。小学生の第2位は「ゲーム攻略動画」で、スマホやタブレットの使用目的の第2位である「ゲーム」と関連する結果となっています。中学生、高校生の第2位は音楽動画の視聴で、アーティストの映像を見ることを目的にしている子どももいますが、音楽を聴くために動画再生をしているケースが多く、中には違法な形でアップロードされた動画を視聴していることもあります。違法な動画と知りながらダウンロードして視聴することは、著作権を侵害する違法行為です。**正規の方法で音楽等のコンテンツを楽しむことを教えていく**ことも、情報リテラシー・情報モラル教育の役目と考えます。

また、小中学生、高校生のすべての年代において、「Amazon プライム（アマゾンプライム）」や「Hulu（フールー）」に代表されるようなオンデマンド動画配信サービスの利用が年々増えてきており、これらのサービスを通じて映画、テレビ番組、アニメなどのコンテンツを視聴する習慣が、今後さらに増えていくものと推測されます。これらのサービスはサブスク（サブスクリプション）と呼ばれる月額または年額の定期的な支払いを行うことで利用でき、テレビのように特定の放映時間に合わせて視聴する必要がありません。「見たいときに見られる」、「定額制なのでお金を気にせず多くの動画を視聴できる」という特徴から、**子どもの動画視聴時間を長くしていく可能性がある**と見られ、注意が必要です。

■図４　動画でよく見るもの

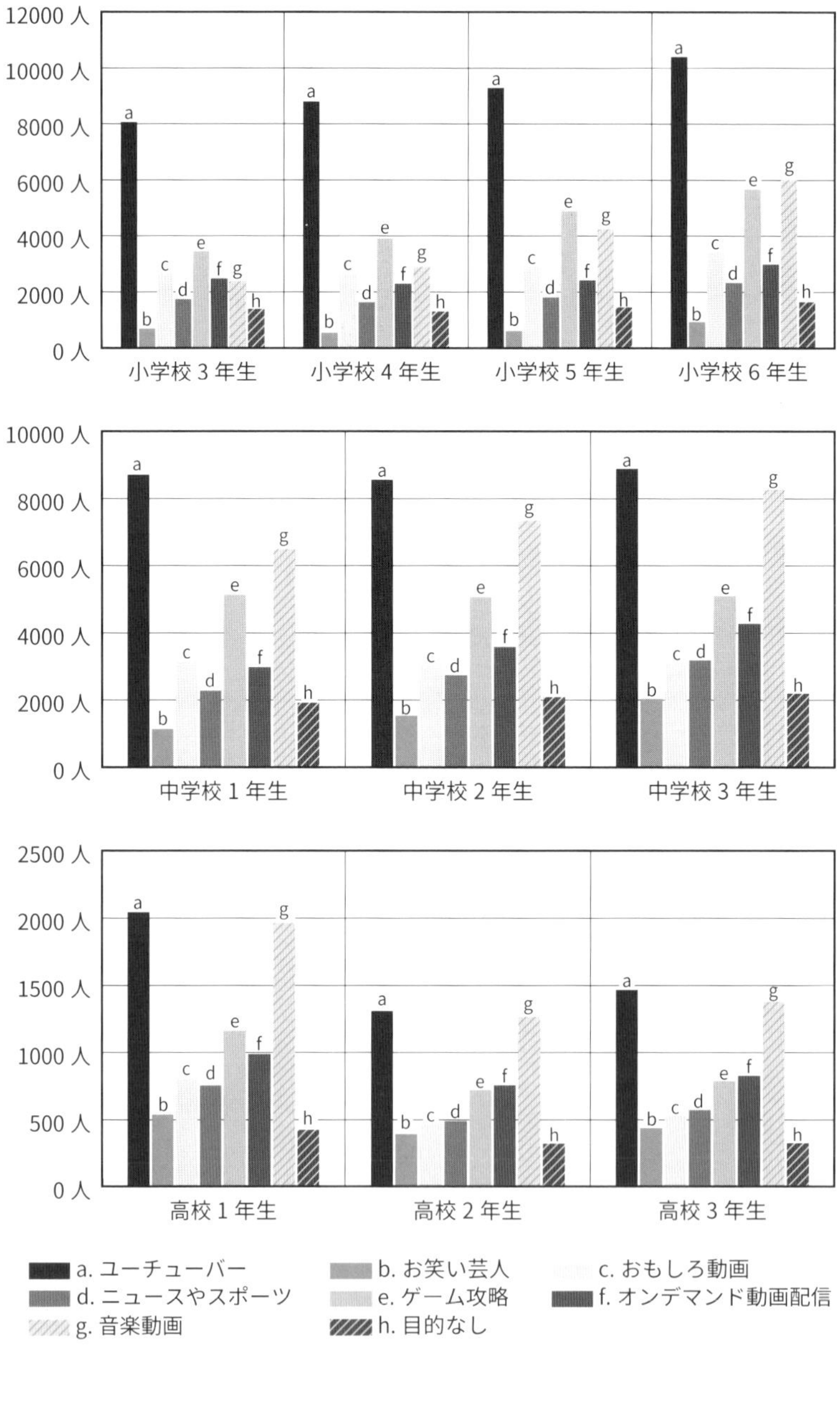

4 SNSの利用状況

子どもがどんなSNSを利用しているかを把握しておくことは、**ネットトラブル・性被害防止の観点から対策をどのように進めておくか**の大事な基礎データとなります。子どもが利用するSNSは年月とともに変化することが多いので、寄せられるトラブルの相談や、小中学校や高校の教育関係者から得られる情報をもとにアンケート項目を更新してきました。たとえば、２０１８〜２０２２年ごろには「Zenly（ゼンリー）」という位置情報共有アプリが流行しました。Zenly は登録してある友達の「現在地と滞在時間」「スマホの電池残量の確認」「メッセージの送受信」「近くにいる人との通話」等が可能で、「今どこ?・」と確認しなくても相手のいる場所がわかり、相手の場所によっては何をしているかもおよそわかるというアプリでした。多くの若者がはまり、利用が急増したのでアンケート調査項目に「位置情報共有アプリ」を入れたのですが、この種のアプリは家族や非常に近しい人ならばまだしも、勢いで追加した人物にプライベートが筒抜けになるのはさすがに抵抗があるようで、Zenly のサービス終了後にとってかわった「whoo（フー）」というアプリも、さほどの広がりを見せずに推移しています。アンケートの結果を見ると、ほかのSNSに比べてずいぶん少なくなってきており、**アンケートで状況を把握することの大切さ**が見えた例でした。ここで示す２０２３年度の結果も、この本の読者が手にするころには様相が変わっている可能性があります。

図5のグラフを見てください。小中学生、高校生ともに10年前から第1位となり続けているのは「LINE（ライン）」です。大人にも広く使われていますが、子どもも LINE で連絡を取り合うというこ

とがごくふつうに行われていることがわかります。LINE が使われ始めた当初、いじめや誹謗中傷の手段になるということで大きな逆風が吹きましたが、運営側がトラブルの未然防止という観点で年齢によってさまざまな制限をかけるようになったことから、最近シェアを伸ばしてきているほかのＳＮＳに比べると、「LINE のトラブル」と大きく扱われることは少なくなってきました。それでも、利用人数が多いだけに問題がある写真や動画を共有したり、心ないメッセージを共有したりするトラブルは報告されています。小中学生のよく使うＳＮＳの第2位は「TikTok（ティックトック）」です。現在は3分までの動画が撮影でき、編集もできます。通常は30秒ほどの短い動画で投稿するので、「短いから大丈夫」という安易な理由で、個人情報の特定が可能な動画をアップしてしまう例があります。LINE は通常一人1アカウントしか使わないために、仲間同士でのなりすましなどはやりにくいのですが、TikTok は一人で複数のアカウントを作成することが可能で、ＤＭ（ダイレクトメッセージ。個別メッセージを送信できる機能）でトラブルが発生しやすい傾向があります。そもそも TikTok のアカウントを登録するには年齢確認が必要で、13歳未満の人は利用することができません。13歳未満であれば親が管理をする必要があり、親のアカウントとして TikTok を使うことになります。年齢を偽って登録したことがわかるとアカウントは削除されますが、**子どもが利用することによるトラブルが発生しているという現状**があります。TikTok 独自のアルゴリズムによってコントロールされている拡散力は絶大で、問題がある動画の拡散も心配されます。

高校生が使うＳＮＳの第2位は「Instagram（インスタグラム）」です。年々利用者が増えており、もうじき LINE を抜く勢いです。Instagram は写真や短い動画の共有に特化しており、視覚的にコンテンツを探し、見つけることができることから、ググる（Google を使って検索する）よりも視覚的・

■図 5　よく使う SNS

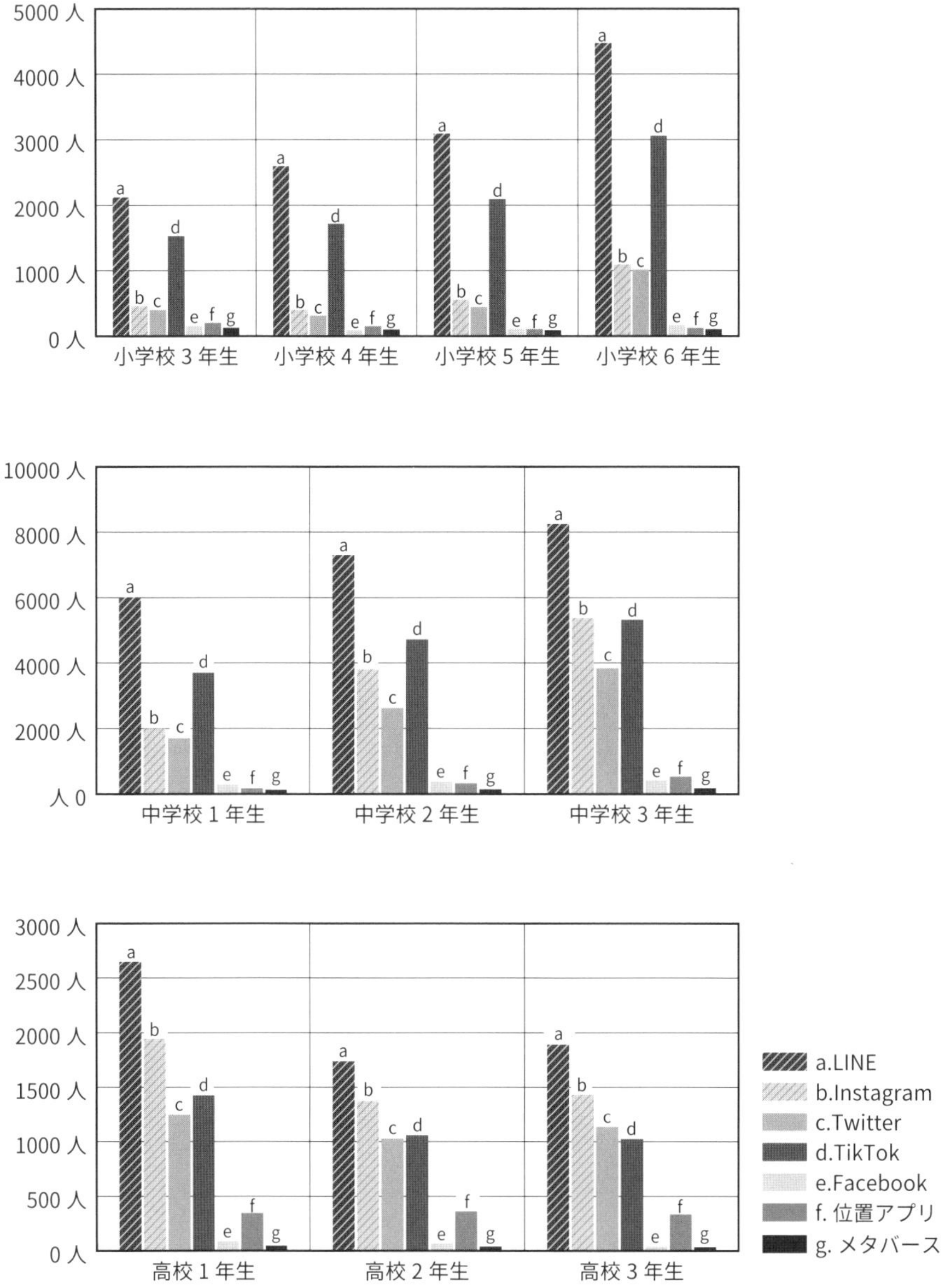
5000 人
4000 人
3000 人
2000 人
1000 人
0 人
小学校 3 年生
小学校 4 年生
小学校 5 年生
小学校 6 年生
10000 人
8000 人
6000 人
4000 人
2000 人
人 0
中学校 1 年生
中学校 2 年生
中学校 3 年生
3000 人
2500 人
2000 人
1500 人
1000 人
500 人
0 人
高校 1 年生
高校 2 年生
高校 3 年生
a.LINE
b.Instagram
c.Twitter
d.TikTok
e.Facebook
f. 位置アプリ
g. メタバース

直感的に目指すコンテンツにたどり着きやすくなっています。Instagramは、現段階でトラブル報告が最も多い傾向にあります。簡単にアカウントを複数作成できて切り替えも簡単であり、裏アカウントをたやすく操作できるためと考えられます。InstagramもTikTokと同様に13歳未満であれば親が管理をする必要があり、親のアカウントとして使うことになりますが、小中学生でも利用する割合が増えつつあり、注意が必要です。

「X（エックス）」（旧Twitter）は、アンケート結果からは中学生からの利用が多くなる傾向がありましたが、2022年ごろから小中学生の利用は下降気味で、トラブル報告もずいぶん減りました。

このように、子どものSNS事情は目まぐるしく変化します。**変化をリアルタイムに近い形で把握**し、トラブルの未然防止や事後の対応に活かしていく必要があります。

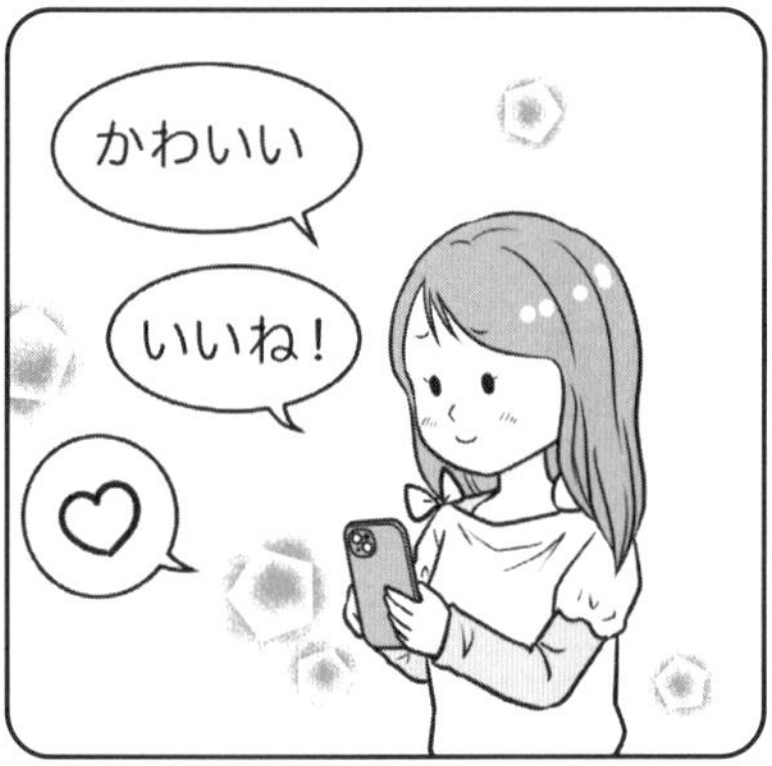

5 スクリーンタイムの状況

多くの子どもの依存・依存傾向が心配される中、子どものスクリーンタイム（情報端末の画面を見ている時間）の把握は、情報リテラシー・情報モラル教育に直接結びつけやすい大切なデータとなります。**図6**は、過ごし方に個人差が出やすい、休日1日あたりの小中学生のスクリーンタイムのデータです。長野県の子どもは、他都道府県と比較して使用時間が少なめですが、年齢ごとの傾向を把握するには十分なデータとなっています。

また、**図7**は、**図6**のグラフから抽出した、休日1日あたりの学習以外のスクリーンタイムが「10時間以上」の子どもの割合です。休日の過ごし方を考えるとき、たとえば睡眠が8時間、三食の食事が2時間、着替えたり歯を磨いたりが1時間、お風呂が1時間、これでもうすでに合計12時間です。このほかにも細々とやらなくてはいけないことがあるはずです。したがって休日にイベント等がなかったとして、小中学生が自由にできる時間は10～12時間といわれています。「10時間以上」の子どもは、**自由にできる時間のほぼすべてをスクリーンタイムにつぎ込んでいる**ことがわかります。

また、中学校の2年生から3年生はいわゆる受験生です。自分が目指す高校に向けていちばん勉強をしなくてはならない学年ですが、その中学校2・3年生のスクリーンタイムがいちばん長くなっています。しかも私が10年ほど前にアンケートを取り始めて以来、ずっと同じような結果です。なぜ受験生であるはずの中学2・3年生の使用時間がいちばん長いのでしょうか。答えはわりと簡単です。重度の依存傾向・依存の子どもが、その状況から抜けだすのは非常に困難です。つまり**一度依存傾向・**

依存になると、多くの子どもは受験のある中学3年生になっても抜けだせないのです。小学校3年生から、学年を追うごとに新たな依存傾向・依存の子どもが加わるので、ただただ人数が増えていくという結果になります。いったん依存傾向になると容易に抜けだせないということを子ども自身、そしてその保護者がよく理解していないと、使いすぎ・やりすぎに関して危機感を感じなくなってしまい、気づけば重度の依存傾向・依存になっているということが起こるのです。依存傾向・依存をどのように防止していくかについては、パート4やパート6で説明していきたいと思います。

■図6　休日1日あたりの学習以外のスクリーンタイム

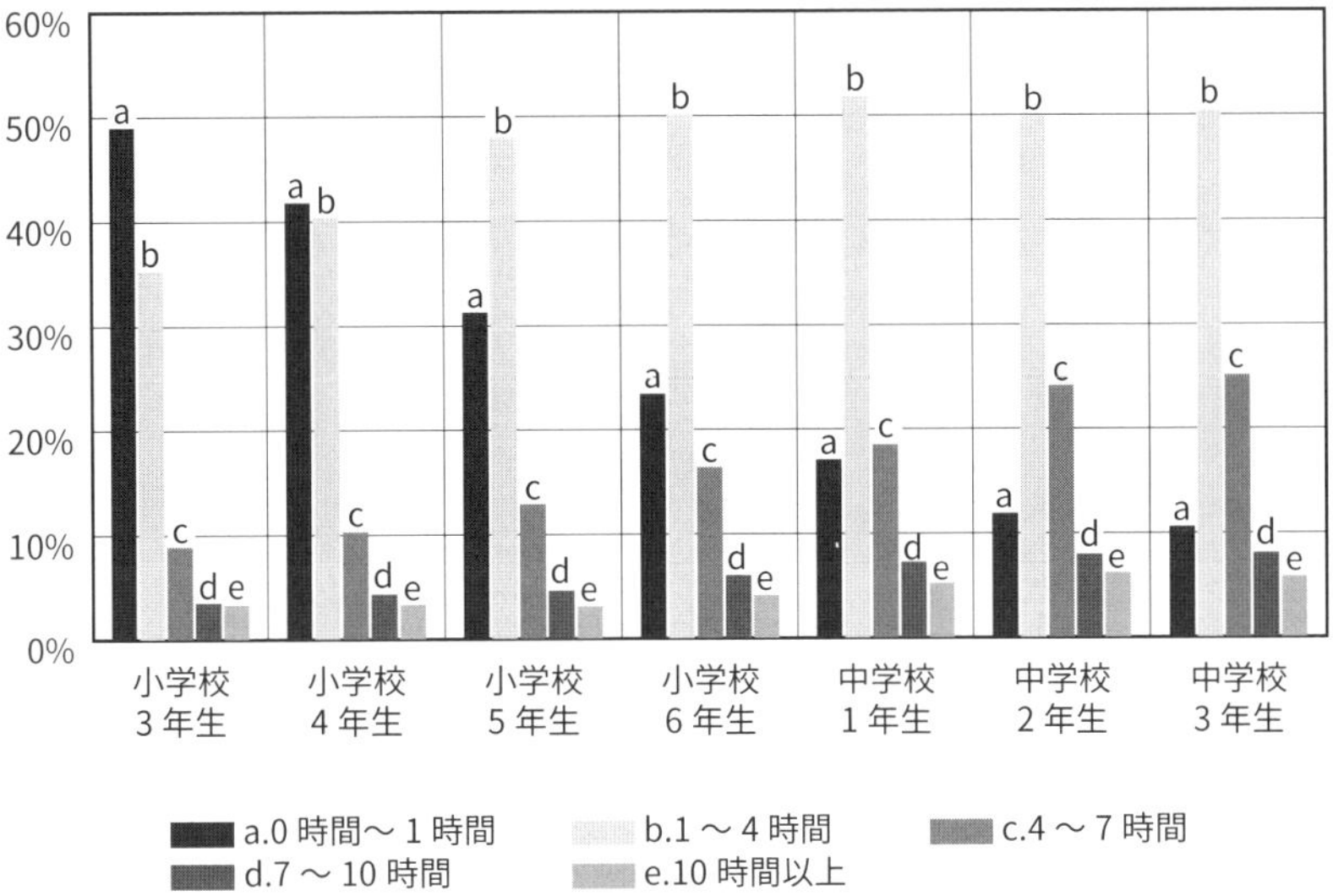

■図7　休日1日あたりの学習以外のスクリーンタイムが10時間以上の子ども

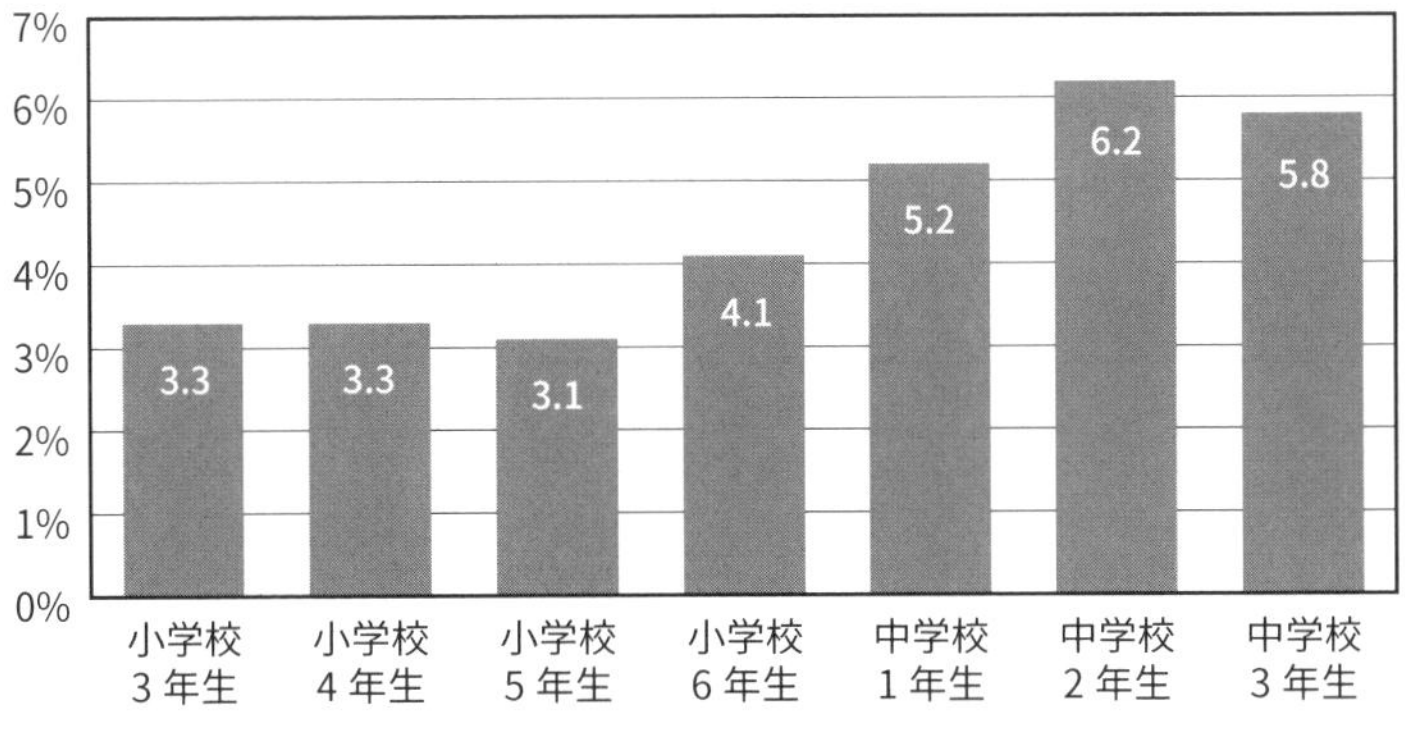

（各学年の調査対象人数　約13000人）

6 ゲーム時間、SNS・動画視聴時間と学力の関連

　文部科学省が毎年行っている全国学力・学習状況調査（小学6年生、中学3年生の全員を対象として学力を調査するテストと、学習環境や生活環境のアンケート調査）の結果から、情報端末の使用時間とテストの結果のクロス集計を行ったのが**図8・図9**のグラフです。2022年度の全国学力・学習状況調査では、ゲームや動画視聴などの時間を問うアンケート項目がありましたが、2023年度にはその項目がなかったので、2022年度の結果で示します。

　図8のグラフは、1日あたりのゲームをしている時間と学力テストの結果のクロス集計です。左の縦軸がテストの正答率です。1日あたり「4時間以上」ゲームをしている子どもと、「全くしない」子どもとでは、小学校6年生で1教科につき約20％の差があり、中学校3年生では1教科で14〜20％の差があります。多くの中学校では校内テスト等の、国語、数学、理科、社会、英語の5教科で何点取れるかで進学先の高校を決めていきます。**1日あたり4時間以上ゲームをしている子どもと、全くしていない子どもとの差は、1教科100点として考えると5教科で100点近くある**ということになります。抽出の調査ではなく、国が行う各学年約100万人が対象の調査結果ですから説得力が違います。「たかがゲーム」ととらえていれば、自分の進むべき道さえも変えてしまうというちょっと怖い現実が見えます。

　次に、**図9**のグラフを見てください。1日当たりのSNSや動画視聴時間とテストの結果のクロス集計です。左の縦軸がテストの正答率です。「4時間以上」SNSや動画視聴をしている子どもと、「30分より少ない」（0分ではない）の子どもとでは、小学校6年生で1教科につき約17％の差があり、中学

■図８　ゲーム時間と学力テストの正答率

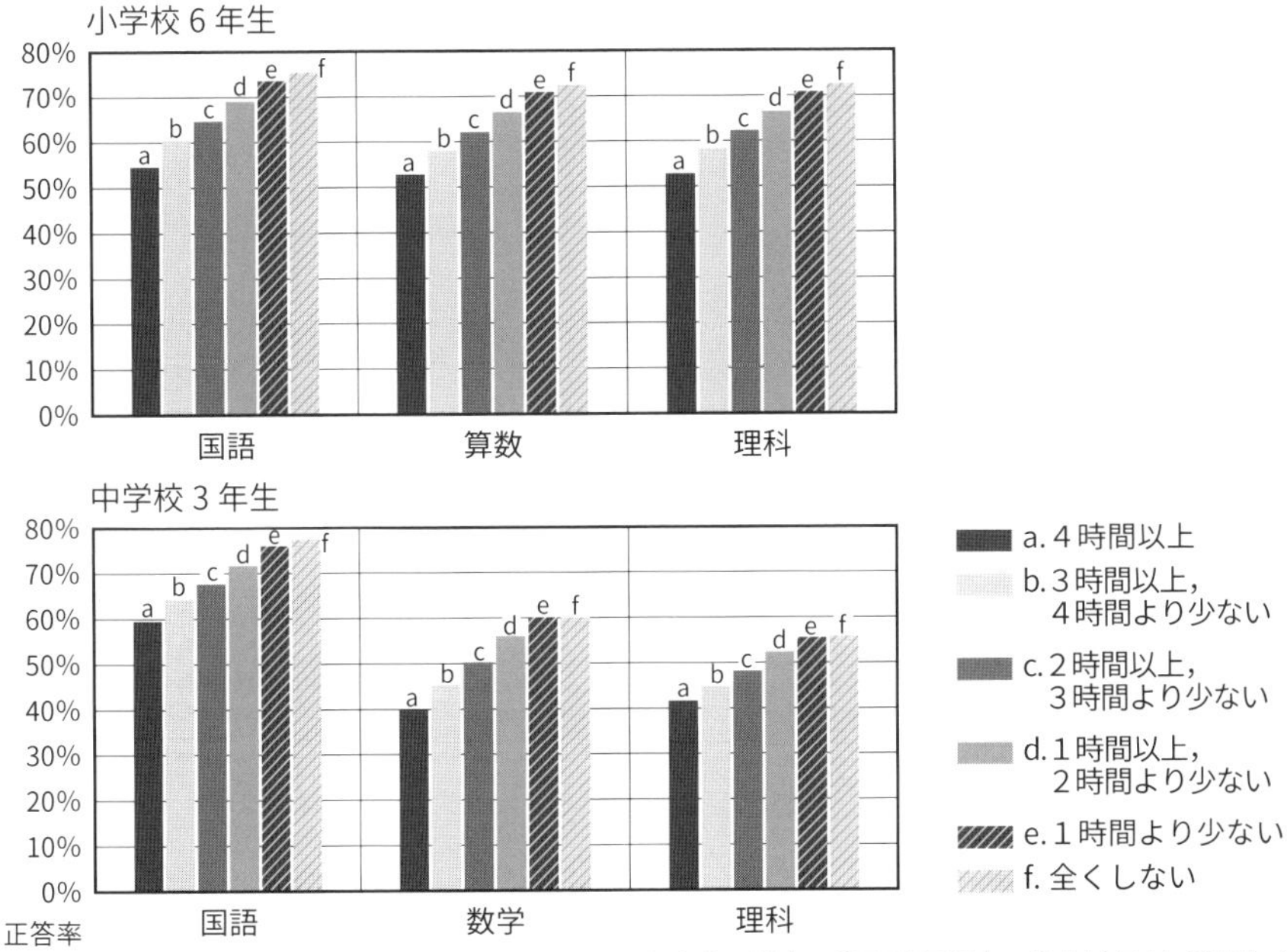
小学校６年生
80%
70%
60%
50%
40%
30%
20%
10%
0%
国語
算数
理科
中学校３年生
正答率
国語
数学
理科
a. ４時間以上
b. ３時間以上，４時間より少ない
c. ２時間以上，３時間より少ない
d. １時間以上，２時間より少ない
e. １時間より少ない
f. 全くしない

（文部科学省　令和４年度全国学力・学習状況調査　調査結果より著者作成）

校3年生では1教科で約13〜19％の差があります。しかし、よく見ると小中学校ともに「全くしない」（スマホを持っていない）児童生徒よりも、**多少使用している子どもの方が正答率が高い**ことがわかります。中学校の数学で見れば「全くしない」子どもよりも、「1時間以上、2時間より少ない」子どもの方が正答率が高いことがわかります。

この結果の理由は二つあるといわれています。

一つめの理由は、自分の意志で情報端末の使用時間を「1時間未満、あるいは2時間未満」に抑えられる子どもたちが含まれている可能性があるという点です。このような子どもは「自分で自分をコントロールする力＝自律する力」があり、「今から1時間YouTubeを見てから勉強しよう」とか、「2時間勉強をがんばったらSNSを少しやろう」という計画・実行ができると考えられ

■図9　SNSや動画視聴時間と学力テストの正答率

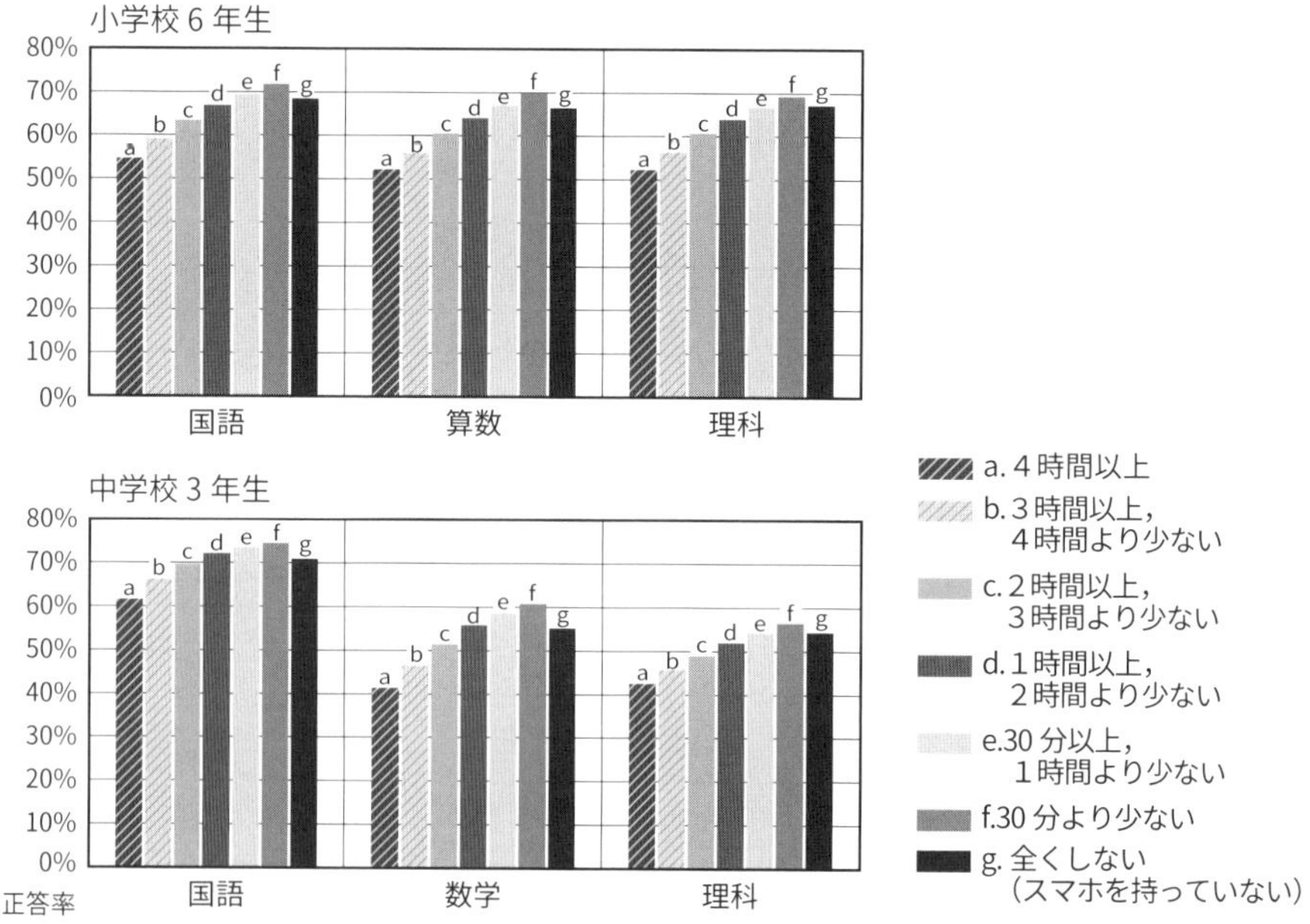
小学校6年生
80%
70%
60%
50%
40%
30%
20%
10%
0%
a b c d e f g
国語
算数
理科
中学校3年生
80%
70%
60%
50%
40%
30%
20%
10%
0%
正答率
国語
数学
理科
a. 4時間以上
b. 3時間以上，4時間より少ない
c. 2時間以上，3時間より少ない
d. 1時間以上，2時間より少ない
e.30分以上，1時間より少ない
f.30分より少ない
g. 全くしない（スマホを持っていない）

（文部科学省　令和4年度全国学力・学習状況調査　調査結果より著者作成）

ます。実際、教員生活が長かった私は、子どもたちを見ていて確かにそのような実感がありました。現代は情報端末を全く使わないということは難しく、**上手に活用することが情報化社会を生き抜いていく力になっていく**と考えます。もちろん、使い過ぎはこれらのグラフを見てもわかるとおり悪影響となりますから、ほどよいバランスが大切です。

もう一つの理由は、各方面から指摘があるように、「全くしない」（スマホを持っていない）子どもには、スマホを持てない経済的な理由がある可能性があるということです。家庭の経済状況と子どもの学力には相関関係があることが明らかになっています。このような差はあってはならないことであり、国や各自治体がその差を埋める努力をしていくべきだと考えます。

7 子ども自身が情報端末を使っていて健康・生活面で心配に思っていること

情報端末を使うことによって起こる健康や生活への影響に関して、子ども自身が心配に思っていることを聞いた結果が**図10**のグラフです。子どもが感じていることを自ら回答しているので、子どもの困り感を改善していくための課題を把握しやすくなります。

「使用時間が前より長くなった」と回答している子どもが、小中学生、高校生でも多く見られます。私のところへ寄せられる依存傾向・依存の相談で保護者や学校関係者がよく話されることに、「なかなかやめようとしない。本人に困り感がないのでは……」というものがあります。子どもからしてみれば、保護者が一方的に強い口調で「やめなさい！」と言えば、「うるさいなあ！」と返したくなることもあるでしょう。このようなやり取りだけでは確かに困り感があるようには感じられないかもしれません。しかし、この回答を見ると、**子ども自身も使用時間が長くなったと感じ、心のどこかで困っているかもしれない**ということがわかります。スマホを与えた、あるいは使用を許したのが保護者でありながら、頭ごなしに叱れば子どもは反発することでしょう。子どもの困り感を上手に引きだしてその気持ちを理解し、寄り添う中で改善へ進んでいくことが大切ではないかと思います。

小学校の高学年、中学生、高校生がいちばん心配しているのは、情報端末使用による「目への影響」です。視力が落ちてきたという自覚症状がある子どももいるでしょうし、各学校の養護教諭の先生や保護者から「使用時間が長くなると視力への悪影響がある」ということを何回も聞くうちに心配になっていることもあるでしょう。視力悪化は長時間使用と関連があることを子ども自身がわかってきてい

■図 10　子ども自身が健康・生活面で心配に思っていること

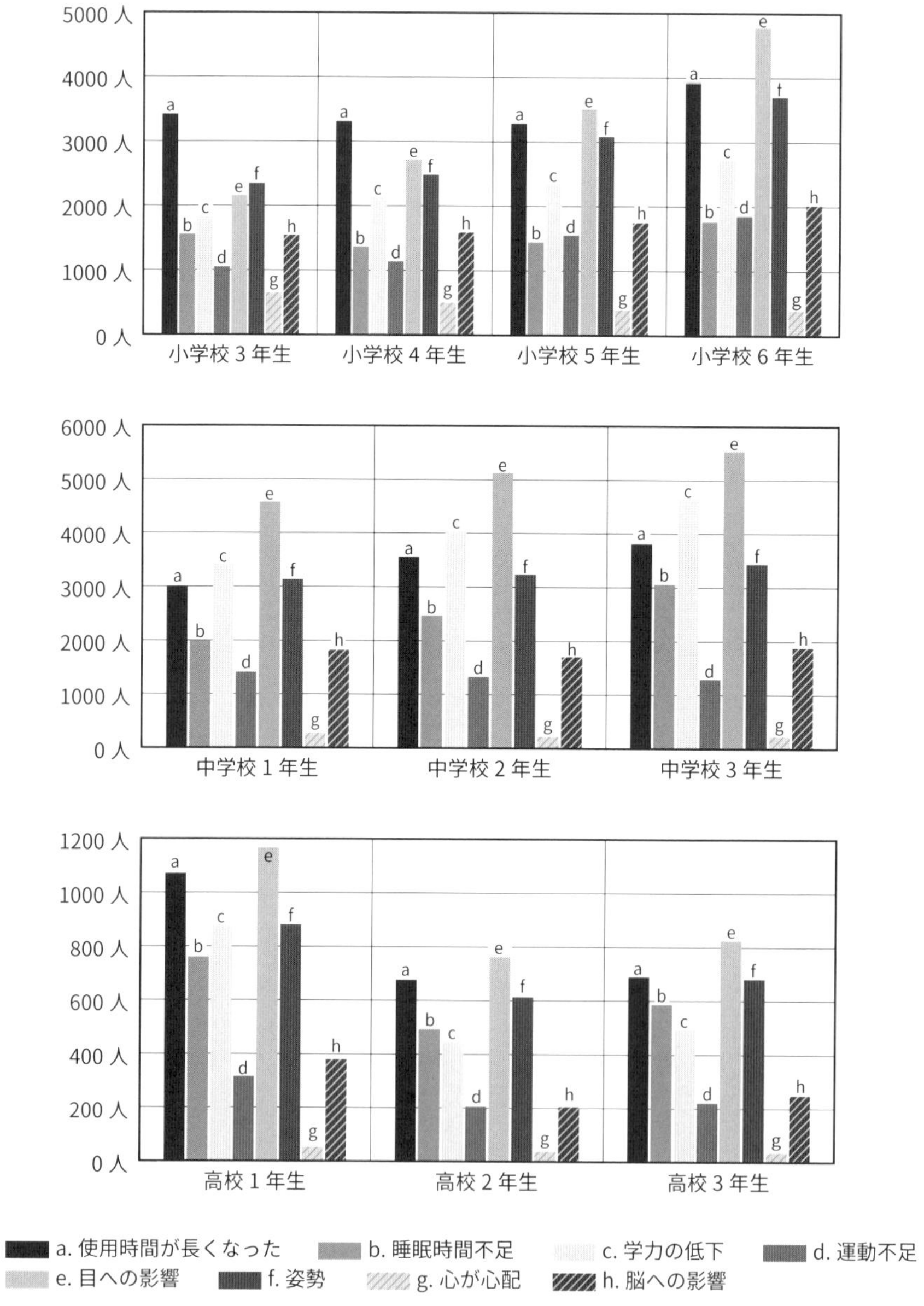

ると思います。

中学生は高校受験を控えているので、やはり「学力の低下」を心配する子どもが多いようです。中学生になれば依存傾向の子どもも増えてきますから「依存から抜けられない。でも勉強をしなくては……」というジレンマに陥っているのではないでしょうか。

また、小中学生、高校生に共通して、「姿勢」を心配する子どもが増えつつあります。スマホを使うときの姿勢について子どもたちに聞いてみると、いすに座った姿勢で使う子もいますが、居間などの床でうつ伏せになって使う子や、ソファやベッドなどに寝そべって使う子も少なくありません。正しい姿勢で使わなければ目への影響が大きくなりますし、うつ伏せなどの姿勢は首や肩に大きな負担がかかります。座っていてもうつむき加減では首に負担がかかるといわれていますから、子ども自身に何らかの自覚症状があるのかもしれません。

少ない回答数で気になるのが「心が心配」という項目です。保護者からは、オンラインゲームで殺りくをくり返す子どもや、ゲームをしているときのボイスチャット（音声での会話）での誹謗中傷の応酬などを見て、性格や心の変化を心配する相談も多いのですが、**子ども自身からの「心が心配」という回答は毎年少ない**のです。オンラインゲームが心に及ぼす影響がよく自覚されていないためではないかと考えます。次代の日本を背負っていく子どもたちの健全な心の育成という大きな視点で、啓発を進めていく必要があると感じます。

8

困ったことが起きたとき、どこに相談するか

子どもは、情報端末を使用していてネットトラブルやネット被害、いじめや誹謗中傷にあったとき、どう対応したらいいかわからない、自分だけではどうしようもないと感じることがあります。そんなとき、どこに相談しようとするのかを調査した結果が、**図11**のグラフです。この質問を2年前に初めて質問項目に加えたとき、「今どきの子どもたちだから、おそらく友達に相談するだろう」と予想しました。しかし、結果は大きく違っていました。

小中学校、高校ともに「家族に相談」がいちばん多い結果となりました。特に小学生はその傾向が非常に強い形で結果に表れました。学校で使う一人1台のタブレットパソコンは別として、小中学生がスマホやタブレット、パソコンを使うのはほとんどが家庭です。また、その機器を買ってくれたり使わせてくれたりしているのは保護者です。やはり困ったら相談するのは家族ということになるのでしょう。高校生でも1位が「家族に相談」です。機器はアルバイトやおこづかいで買うことができても、月々の使用料はやはり保護者が出していることが多いでしょうから、家族に相談するということになるのでしょう。こうしてみると、保護者、家族の役割は大きいです。私のところに来る相談の中で重大事案に近いものは、もっと早めに対応していれば……と思うものがほとんどです。子どもが保護者へ相談したとき、ちゃんと聞く耳をもって相談に応じたのか、正しい判断で子どもにアドバイスしたのか、そこが問われます。この結果からいえることは、**保護者への啓発が非常に重要**になるということです。

■図 11　困ったことが起きたときどこに相談するか

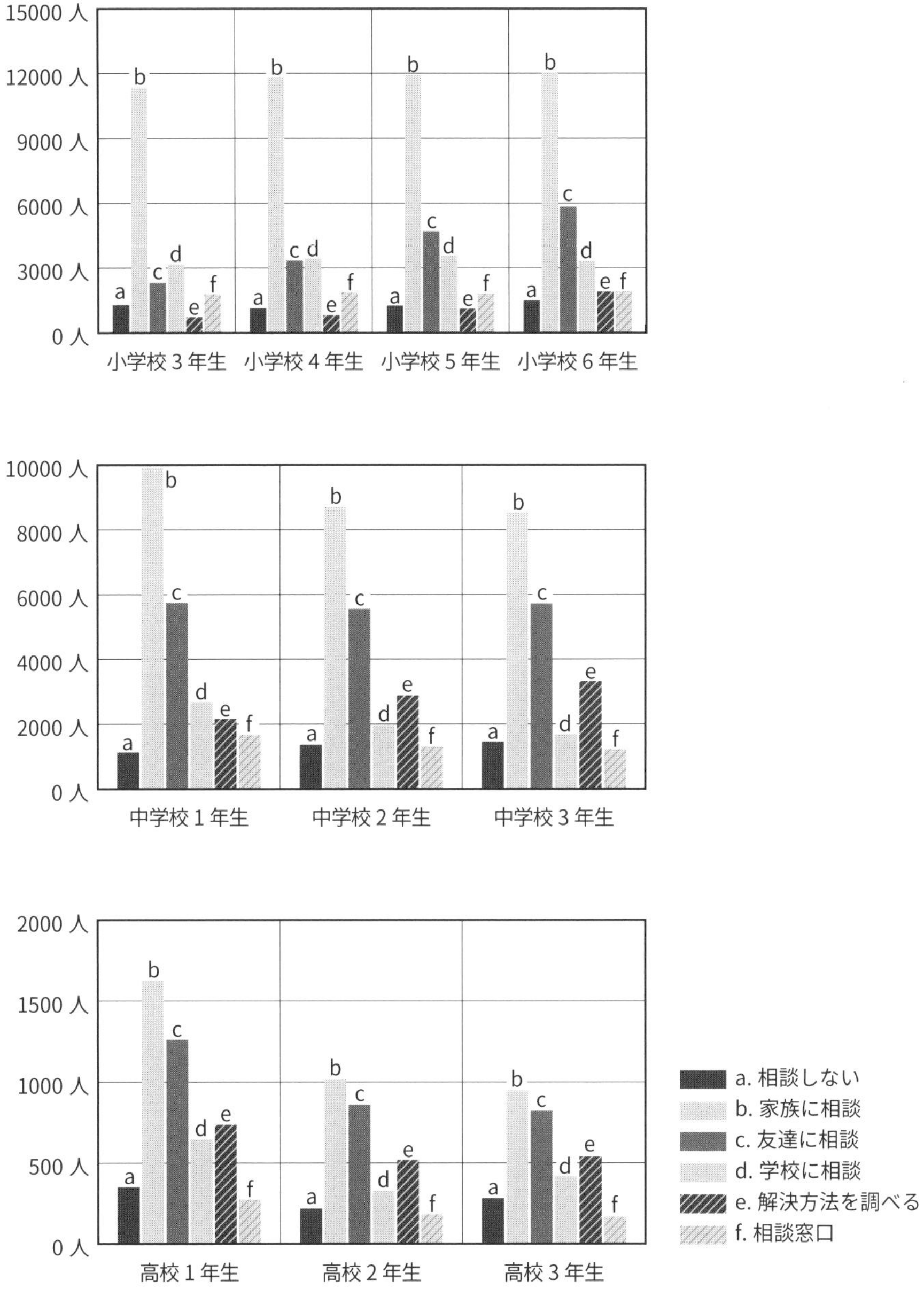

また、第2位の「友達に相談」も大切です。というのは、児童・生徒指導事案が発生したとき、事案を起こした本人や被害を受けた子どもからの訴えで発覚することもありますが、多くのケースでは友達からの情報がもとで発覚し、早期発見や未然防止に役立っているからです。このアンケート結果では、「学校に相談」という回答が少ないことがわかります。せっかく友達に相談できても、その**友達から学校へという流れがまだ確立できていない**ように思われます。子どもたちは友達のことで「これって大丈夫なのかなあ」と感じることがあっても、学校に相談する勇気が出ない場合があります。友達を裏切ることになるとか、学校に知らせたことで自分が責められるといったことを心配するからだと考えられます。その不安を払拭するために、**勇気を出して知らせてくれた子どものプライバシーを学校がどこまでも大事にするという姿勢、知らせてもらった情報をもとに精一杯解決へ向けて努力するという姿勢を、子どもたちにしっかり伝える**ようにしなければなりません。

もう一つ気になるのが、「相談窓口に相談」という回答の少なさです。現在、子どもたちにはたくさんの相談窓口が紹介されていますが、いざとなったとき、そこに相談しようとする子どもは少ないようです。子どもたちの様子から考えられる理由としては、相談窓口の周知が不十分であること、対応にあまり期待ができないことなどが挙げられます。関係機関の窓口が、「相談窓口あります。対応しています」というアピールだけの窓口で終わることなく、「子どもたちを救うために何ができるか」ということを真剣に考え、前向きで積極的な姿勢で取り組むことが求められていると思います。

さらに、回答には、困ったことが起きても「相談しない」という子どもが一定数見られます。このようなあきらめにつながらないよう、家族が、学校が、関係機関が、それぞれの責任に対する自覚をもって問題に取り組んでいってほしいと願います。

PART
2

情報モラル教育の基本と
スマホ・タブレットのしくみ

学校では情報モラル教育を行っていますが、健康との関わりという視点を忘れがちです。

ここでは、心身の健康を守りながらスマホ・タブレットと上手につき合っていける子どもたちを育てるために、学校が理解しておきたい基本的な考え方や、情報端末のしくみを確認しましょう。

1

「情報モラル教育」で抜け落ちがちな「健康との関わり」という視点

文部科学省が示す「情報モラル」とは、「情報社会で適正な活動を行うための基になる考え方と態度」とされており、具体的には大きく3つ示されています。

> ①他者への影響を考え、人権、知的財産権など自他の権利を尊重し情報社会での行動に責任をもつこと
> ②犯罪被害を含む危険の回避など情報を正しく安全に利用できること
> ③**コンピュータなどの情報機器の使用による健康との関わりを理解すること**
> (「小学校学習指導要領解説 総則編」「中学校学習指導要領解説 総則編」2017年告示より。①〜③の記号・太字は著者による)

モラルと聞くといわゆる「道徳」のイメージが強く、みんなで守っていきましょうというきまり、規範意識であると思われがちです。しかし、①を見れば、「人権、知的財産権など自他の権利」とあるように、法的に学ぶべき内容があるということがわかります。②を見れば、「危険の回避」などの術《すべ》を学ばなくてはならないことがわかります。③を見れば、「健康との関わり」とあるように健康被害等について学ばなくてはならないことがわかります。

これら3点を中心に学んでいくことが情報モラル教育なのですが、学校現場では、あるいは学校を取り巻く社会では、特に③の**「健康との関わり」という点での啓発が遅れがち**です。「健康について

考えるって情報モラル教育なの？」という声も聞こえてきそうです。①、②が大切なことは誰もが理解できそうですが、今や③がとても重要なポイントとなりつつあります。

人権侵害や法に触れる行為は絶対にあってはならないことで、重大事案に発展することも少なくありません。しかし、これらの発生件数より圧倒的に「被害」が広がりつつあるのが健康の問題です。というのも、厚生労働省の調査（2017年）では「ネット依存」が疑われる人は成人で推定約421万人、中高生で93万人と発表されました。この発表がされた当時、驚くべき数字と感じましたが、それから6年以上がたち、さらに増えていることは疑う余地がありません。パート1で紹介した調査結果からは、**約半数の児童生徒が何らかの依存傾向を示している**ことがわかっています。依存する傾向が強ければ使用時間が長くなり、生活リズムがくずれやすくなり、視力や体力への影響も懸念されます。この課題に全力で取り組んでいく必要があると思います。

そして、情報モラル教育で行う具体的な学習活動としては、主に以下の5点が示されています。

（1）情報発信による他人や社会への影響について考えさせる学習活動
（2）ネットワーク上のルールやマナーを守ることの意味について考えさせる学習活動
（3）情報には自他の権利があることを考えさせる学習活動
（4）情報には誤ったものや危険なものがあることを考えさせる学習活動
（5）**健康を害するような行動について考えさせる学習活動**
（「小学校学習指導要領解説 総則編」「中学校学習指導要領解説 総則編」2017年告示より。（1）～（5）の記号・太字は著者による）

パート1で紹介したアンケート調査からわかる課題を解決していくためには、今まさに「(5)健康を害するような行動について考えさせる学習活動」が重要ではないかと考えます。学習指導要領解説には次のような記載もあります。

> ①情報の収集、判断、処理、発信など情報を活用する各場面での情報モラルについて学習させることが重要である。
>
> ②**情報技術やサービスの変化、児童(生徒)のインターネットの使い方の変化に伴い、学校や教師はその実態や影響に係る最新の情報の入手に努め、それに基づいた適切な指導に配慮する**ことが必要である。
>
> ③併せて児童(生徒)の発達の段階に応じて、例えば、インターネット上に発信された情報は基本的には広く公開される可能性がある、どこかに記録が残り完全に消し去ることはできないといった、情報や情報技術の特性についての理解に基づく情報モラルを身に付けさせ、将来の新たな機器やサービス、あるいは危険の出現にも適切に対応できるようにすることが重要である。
>
> ④情報モラルに関する指導は、道徳科や特別活動のみで実施するものではなく、各教科等との連携や、さらに生徒指導との連携も図りながら実施することが重要である。
>
> (「小学校学習指導要領解説 総則編」「中学校学習指導要領解説 総則編」2017年告示より。①〜④の記号・太字は著者による)

②については、パート1のアンケートでも紹介したように、子どもたちがスマホやタブレットで何をしているのかを学校が把握することが大切であると考えます。

2 テキスト生成ＡＩの進歩と「情報リテラシー」

学校現場や地域で開催される情報モラル・情報リテラシーに関する講演会は、あるときは「情報モラル講演会」、またあるときは「情報リテラシー講演会」と呼ばれます。「情報モラル」と「情報リテラシー」の違いをよく理解して使っている方もいますが、この二つを混同してしまっている人も少なくありません。ここでは「情報リテラシー教育」とは何かについて触れたいと思います。

リテラシーとは、もともと「読み書きの能力」を意味する言葉です。情報リテラシー（information literacy）という言葉の解釈は、扱う辞書等によって多少違っていますが、わかりやすく説明するならば、多くの情報（特にインターネット、テレビ、雑誌等からの情報）から、自分に必要な情報を収集し、正しいかどうか評価し、効果的に利用するためのスキルと知識を指します。インターネットリテラシー（ネットリテラシー）という言葉もありますが、これは文字通りインターネットに関するリテラシーを指し、情報リテラシーの一部です。

２０２４年現在、テキスト生成ＡＩの進歩は著しいものがあり、知りたいこと、調べたいことを入力すれば、驚くほど的確な回答が返ってきます。あらゆる方面で実用化が進んでおり、議会での発言を要約して記録したり、シチュエーションに合わせたあいさつ文を作成したり、各種問い合わせに対する回答を自動的に行ったりする試みが実用化されつつあります。ＡＩが作成する文章、回答ですから正しい情報であると思われがちですが、数多く使用する中で注意して見てみると、誤った情報が含まれていることがあります。今現在使われている、ChatGPT や Bing Chat 等の対話型のテキスト生成ＡＩは、膨大な量の情報から深層学習によって構築した大規模言語モデルに基づき、ある単語や文章の次に来る単語や文章を推測し、「統計的にそれらしい応答」を生成しています。「これが正解である」という基準をもっておらず、インターネット上にある多くの情報から、より多く存在する情報を抽出して回答を導きだしています。数多く存在するものが正解として導きだされているわけです。問いに対する情報量が少なければ、誤った回答を導きだす可能性が高くなります。また、インターネット上に意図的に誤った情報が数多く流されると、その情報が回答として用いられることになります。大きな政治力、力を使えば、テキスト生成ＡＩの回答を操作することも可能といえます。

テキスト生成ＡＩはこれからますます私たちの生活の中に入り込んでくることが予想されます。上手に使えばとても便利で有効なツールとなりますが、その回答をそのままうのみにすると危険です。**情報が正しいかどうかを判断する力が、これからもっともっと重要になってくる**と考えられます。もちろん、テキスト生成ＡＩは日々進化しており、今後は誤りが減っていくかもしれません。しかしすべての問いに対して完全な答えを出すことは難しいのではないかと考えられます。だからこそ現代社会において、**情報リテラシーの力をつけることは喫緊の課題**であると思います。

3 正しい情報を「検索」する力を育てる

調べ学習において最も多く行われることの一つが、「検索」という作業です。通常、タブレット等で検索するときは、検索窓にキーワードを打ち込みます。世界中の数多くの情報の中から、知りたいこと、調べたいことなどを抽出していくのです。自分が表示させたい情報に絞り込んでいく力はとても重要で、まさに情報リテラシーの力ともいえます。この力は多くの検索の経験を積むことで上達していきますが、学校の授業で行うときにはそのコツを教えることで上達のスピードがアップします。

たとえば、一つのキーワードで調べたい内容が絞り込めないときは、二つめのキーワード、三つめのキーワードを打ち込んで絞り込んでいくことなどです。また、日本語では、主題や主語を示す「が」「は」といった助詞は、文章としては重要な助詞ですが、検索のときは助詞などを省いた簡潔なキーワードを、スペースを挟んで並べることで絞り込みやすくなります。明らかに必要ない情報がくり返し表示されるときは、マイナス記号を使って、特定のキーワードを含むページを除外できます。

こうして得られた検索結果ですが、経験不足の子どもは、検索結果を端から順番にクリックして表示させ、内容を確かめようとすることがあります。関係の薄い、あるいは全く関係のない内容を表示させているのですから、大きな時間のロスが発生します。そしてこのような行為が子どもにとって不適切な内容を見てしまったり、必要のないアプリケーションをダウンロードしたりする元となります。

検索結果一覧のタイトルや簡単な解説、サムネイル（元のコンテンツを小さく表示したもの）を見て、**不必要な情報であったり怪しいサイトであったりといったことを見抜いて触れないという指導**をしておくことが大切です。また、検索した結果をクリックしたことで思わぬ画面が現れたり、タブレットの動きがおかしくなったりしたら、すぐに先生や保護者に知らせるように指導しておきましょう。

テキスト生成ＡＩで検索するときは、キーワードでも回答が返ってきますが、知りたいことをそのまま文章にして入力、あるいはコピーしておいて貼り付けることでかなり絞り込まれた回答が返ってきます。しかし、前述したように、必ずしも正しい情報であるとは限りませんので、そのまま使うのではなく、複数の情報に当たったり、関係するホームページや書籍で見たり、関係者に直接聞いたりして確認することが大切です。

生成ＡＩは多くの分野で使われるようになってきており、画像生成ＡＩ、動画生成ＡＩ、音楽生成ＡＩ等のプログラムがより身近な存在となってきました。「検索」とは少し意味合いが違いますが、このようなプログラムを子どもがふつうに使うようになってきており、今後はさらに利用者が増え、スタンダード化していくことが予測できます。

画像生成ＡＩや動画生成ＡＩは、写真や動画の加工・修正はもちろん、アート作品、仮想の人物や風景などの静止画、動画を創造的に生成できます。音楽生成ＡＩは、既存のパターンやスタイルを学習し、多様な音楽作品を創りだせます。しかし、ＡＩが既存の画像や動画、音楽を取り入れて生成すると、肖像権、著作権の侵害の懸念があります。子どもに**利用する際のリテラシー教育を行うことも大切**ですし、大人（プログラム製作者や国）は、生成されたコンテンツがＡＩによるものであることがわかるようにするとか、生成ＡＩに関する法的な基準やガイドラインを策定する、特定のコンテンツや個人を模倣することを制限する技術的手法を導入するなどの取り組みを検討していく必要があると思います。

4 端末固有情報とIPアドレス、位置情報――匿名でできることなどない

端末固有情報とは、スマホやタブレット、パソコンなどのインターネットに接続できる情報端末を、インターネット上のほかの情報端末と区別するための特別な情報や番号のことです。この情報（アルファベットや数字で表す）は、情報端末一つ一つで違っていて、基本的に同じものは存在しません。この情報を使って、使用者がほかの人の情報と混同されることなくインターネット上で確実なやりとりをすることが可能になっているのです。

子どもたちは、きちんと学習をしていないと、情報端末を使うときに**「匿名を使えば、あるいは裏アカウントを使えば自分であることがわからない」と考えることが多く、そのことがいじめや誹謗中傷、ネットトラブルにつながっている**ともいえます。

端末固有情報にはいくつかの種類の情報が含まれますが、「ＭＡＣアドレス」、「ＩＰアドレス」の役割を知っておくのはとても重要です。また、スマホなどのモバイル機器には「ＩＣＣＩＤ」というものがあり、こちらも理解しておくとよいでしょう。以下に簡単に説明します。

【ＭＡＣアドレス】

情報端末が、インターネットやネットワーク上で自分自身をほかの情報端末から区別するための特別な番号（識別子）です。情報端末がもっている固有の識別子で、通常はほかの端末と同じものをもっていることはありません。ＭＡＣアドレスは、情報端末が作られたときに割り当てられ、その後に変

更することは困難です。

【IPアドレス】

情報端末が、インターネット上で自分自身を識別するための番号のようなものです。わかりやすく言えばインターネット上の家の住所のようなものです。これを使って、情報端末同士がデータを送受信し合います。

情報端末でインターネットを利用するときに、どのような仕組みで行われているのかを簡単に説明するなら､家の中での通信（ローカルネットワーク内）ではMACアドレスが使われ､外部のインターネットと通信するときにはIPアドレスが使われるといえます。各家庭に広く普及しているWi-Fiルーターは、情報端末が家の中から外のインターネットと通信する手助けをしてくれる、ちょうど郵便局のようなものです。データをアクセスしたい外部の住所（IPアドレス）に送り届けてくれる役割を果たしています。IPアドレスは「外部の住所」で、MACアドレスは「家の中の名前」と考えれば分かりやすいでしょう。

【ICCID】

ICCIDはIntegrated Circuit Card IDentifierの略で、直訳すれば「集積回路カード識別子」となります。スマホなどのモバイル機器は、SIMカード等の小型のカードを挿し込んで使いますが、そのカードに記録されている情報です。スマホの機種変更や携帯電話会社変更のときに、古い方の端末からSIMカードを抜き取って新しい端末に挿すと、契約の情報などが自動で引き継がれるのはこのためです（SIMフリーなどの条件が満たされている場合）。

スマホやタブレットで、インターネットに接続しようとすると、最初にICCIDが使用されて端末が識別されます。通信事業者はICCIDを使用して、SIMカードに関連づけられた顧客情報を特定し、端末の認証を行います。これにより、その端末が正規のユーザーであるかどうかを確認しているのです。要するに契約時の個人情報を元にして認証しているわけですから、冒頭で述べた**「匿名を使えば、あるいは裏アカウントを使えば自分であることがわからない」などということは通用しない**ということがわかります。ICCIDはたとえばiPhoneなら「設定」から簡単に表示することができますし、アンドロイドスマホなども、いくつかの方法で確認することができます。

パソコンやスマホ、タブレット、ゲーム機などインターネットに接続できる情報端末は、「MACアドレス」、「IPアドレス」、「ICCID」等を使うことによって接続されているということを、**わかりやすく（年齢に応じて）子どもにしっかり教えておけば、安易な匿名投稿や脅迫、いじめなどが起きにくくなるという抑止力になります。**

また、匿名でできることはないという点に関連して、「位置情報」についても確認しておきましょう。スマホやタブレットで写真や動画を撮影するとき、GPS機能が有効になっていると、どこで撮影したのかの位置情報（緯度と経度）が埋め込まれます。

一般的なGPSは、20を超える運用衛星を使用して位置情報を計測します。通常の誤差は数メートル以内ですが、屋内や高層ビルの合間などで撮影すると多少誤差が大きくなる傾向があります。

写真や動画のデータには、撮影した位置のほか、撮影日時、カメラのモデル、露出の設定などの情報も含まれます。位置情報が埋め込まれた写真や動画は、地図上で場所を表示することができるので、植物や動物の生息地をわかりやすく表示できたり、撮影者の旅の思い出になったりと、とても重宝します。

こういった便利な使い方ができる反面、位置情報から撮影者の情報が漏れてしまうケースがあります。SNSに写真や動画を投稿することは一般的になっており、高校生をはじめ、小中学生でも投稿することが多くなってきました。写真に位置情報が埋め込まれているということを知らない子どもも多く、位置情報が埋め込まれたままの写真や動画が投稿されているケースが少なくありません（SNSによっては、投稿された写真の位置情報が自動的に削除されるものもあります）。子どもたちが撮影する写真や動画は、自宅周辺で撮ったものが多いので、「私の家はここです」と知らせているようなものです。実際、この位置情報から住んでいる場所の情報が漏れ、トラブルになるケースも後をたちません。子どもたちには、位置情報が埋め込まれた写真を投稿しないということや、プライバシーの観点からもむやみに写真や動画を投稿しないように指導していくことが大切です。

PART
3

体の健康と
スマホ・タブレット

スマホ・タブレットの長時間使用が健康に悪そうだということは誰もが気がついていることと思いますが、具体的にはどのような課題があるのでしょうか。ここでは、生活リズム、体力、視力など、スマホ・タブレットの使用が子どもたちの体に与える影響について考えてみましょう。

1

乳幼児のころから情報端末とのつき合いが始まっている

本書では、小中学生、高校生について扱っていますが、今の子どもたちは乳幼児のころから情報端末とのつき合いが始まっています。学校の先生方が直接乳幼児に関わることは少ないと思いますが、やがて入学・進学してくる子どもたちの基本的な情報として、乳幼児と情報端末についても触れておきます。

日本小児科医会では、「子どもとメディア問題に関する啓発資料（ポスター・リーフレット）」の中で五つの提言をしています。その一つめに、「2歳までのテレビ・ビデオ視聴は控えましょう」とあります。また、ＷＨＯ（世界保健機関）は、２０１９年に発表した「5歳未満の子どもの身体活動、座りっぱなしの行動、睡眠に関するガイドライン」の中で、「1歳未満の子どもは、スマホやビデオなどのスクリーンタイムは推奨しません」「2歳を過ぎても、可能な限りスクリーンタイムは避け、1時間以内にしましょう」「3～4歳の子どものスクリーンタイムは1日1時間以内にしましょう」等の内容を示しています。

乳幼児の情報端末の使用については賛否両論ありますが、必要以上の長時間使用は悪影響があるという指摘が各方面で行われています。私個人の見解では、ＷＨＯが示したように乳幼児は画面を見ながらじっとして過ごす時間は少ない方が望ましいと考えます（ＷＨＯがこのガイドラインを示したのは運動不足を防ぐためであるといわれており、たとえば画面を見ながら体を動かす幼児番組の体操やエクササイズのようなものは含まれていないと考えられます）。

乳幼児が情報端末を見るという行動は、情報の一方通行になりがちなので、親子で画面の内容について話（意思疎通）をしながら視聴するといった方法で、親子双方向の情報のやりとりがある状況をできるだけ生みだしてほしいと思います。一緒にコンテンツを見たり、共に遊んだりすることで、子どもとのコミュニケーションを促進することが大切です。そして、さらに大切なことは情報端末への必要以上の接触を避けるということです。目安の時間を超えると直ちに弊害が出るというわけではありませんが、**乳幼児は自分で時間のコントロールをすることが難しいので、保護者や保育者がきちんとコントロールすることが大切**であると考えます。

また、乳幼児の情報端末使用については、使用時間だけ注意するのではなく、子どもの発達段階に適した質のよいコンテンツを選ぶことも大切です。教育的かつ創造的なコンテンツを選び、暴力や過度の刺激を含まないものを選びたいものです。

さらに、乳幼児が情報端末で何かを学ぶというときに私が大切に考えていることがあります。それは、**五感を大切にする**ということです。人には、視覚、聴覚、嗅覚、触覚、味覚という五感がありますが、現時点で情報端末から直接得ることができるのは、視覚、聴覚の二つのみです。実際の体験がないままタブレットのみで小さな子どもが学んでいくということには不安があります。においや味、触れた感覚などは、実際の体験を通して学ぶのがいちばんだと思います。その体験さえあれば、その後タブレットで写真を見たり、音を聞いたりすれば、実体験の感覚がよみがえってきて、頭の中で結びつけることができます。ですから、私が考える乳幼児の理想的な情報端末の使い方は、**まず実体験をすること、そしてその記憶をよみがえらせながら情報端末を視聴する**ということです。

2 生活リズムのくずれ

スマホやタブレットといった情報端末は、上手に使えばとても便利なものですが、長時間使用により生活リズムをくずしてしまう子どももいます。パート1で紹介したように、長野県で実施したアンケート結果では、長時間使用の子どもたちがいちばんはまっているのは動画の視聴です。依存傾向になってくると、情報端末の電源を入れると無意識に動画再生の画面を開いてしまう、情報端末で学習等ほかのことをしていても、気づけばYouTube等の動画を見ているといったことが起きてきます。

長時間使用で動画視聴の次に多いのがオンラインゲームです。オンラインゲームは年々楽しむ子どもが増えてきていたのですが、コロナ禍で一気に増えました。オンライン授業等で使うという目的で買ったマイクやWEBカメラがオンラインゲームで使われるといった皮肉な現象も起きました。新型コロナウイルス感染が落ち着いてきたころ、対面の関係を大事にできる子どもたちも増えたのですが、**一部の子どもは、オンラインゲームを中心とした生活から抜けだせない**でいました。前述の動画の視聴と同じく、時間さえあればそれを楽しむという生活に支配されてしまう状況となります。

このように必要以上に夢中になると、生活リズムが乱れ、勉強を後回しにしてやらなくなる、食事を後回しにする、睡眠時間を削る、昼夜逆転になる……といったことが起きてきます。こういった症状が重くなると、朝起きられなくて、学校へ行けなくなったり、部屋にこもって外へ出られなくなったりといったことも起き、家庭生活、学校生活に大きな影響を及ぼすことになります。昼夜逆転が起きると登校できなくなるケースが非常に多く、家庭はもちろん学校もその対応に苦慮することとなります。こうなると、「スマホやゲーム機等は主に家庭で使うのだから家庭の問題だ」ということですませるわけにはいきません。「保護者、家庭の問題」「学校で指導すべき」とたがいに責任を押しつけ合うのではなく、**学校と家庭が共に力を合わせて取り組んでいく大きな課題**ととらえていただきたいです。

保護者の中にはくずれた生活リズムを元に戻すために、「いつも通り夜通し起きていて、日中もがまんして起きていれば、夜9時には眠くなって元に戻せる」などという荒療治を試す方もいますが、それで治ったという事例は聞いたことがありません。どのように対応していけば改善につながるのかは、その子どもの性格や特性を考慮したその子なりの対応策を、家庭と学校が共に考えて実行していかなくてはならないのです。ただ、昼夜逆転を起因とする不登校傾向は、学校の友達や、家族とのコミュニケーションが劇的に減ってしまうのが特徴で、人との関わりが減るのですから精神的にも追い詰められて、改善が非常に難しい傾向があります。そのため、早期に親子で話し合って改善に取り組むことが重要です。その具体的な対応の場は家庭となります。対応が遅くなれば遅くなるほど、抜けだすことが難しいということを、家庭に啓発していくのは学校の役割でもあると思います。パート1の**図7**のような具体的なデータを示して保護者への啓発を進めることも、家庭での前向きな取り組みにつながります。

生活リズムをくずさないためのルール作り等については、パート5や6で事例を交えて解説しますが、ここで注意しておきたいことがあります。子どもの生活リズムの乱れは情報端末との関係をコントロールするだけで整えられるものではありません。重要なのは**家族と共に生活リズムを作っていくこと**です。朝夕の食事を一緒にとる、日々共に行う活動を大切にする、家事を一緒にする、家族でのイベントを楽しむ……といったことを家族みんなで心がけていけば、自然に子どもの情報端末への依存傾向を防ぐことができます。

3

視力への影響・体内時計への影響

情報端末が放つ光が目や視力に影響を与えるという注意喚起は、さまざまなところで行われています。それらの意見を総じて考えれば、情報端末の長時間使用は目によくなく、視力に影響を与えるといえるでしょう。

パート1で紹介したアンケート結果によると、平日に毎日6時間以上画面を見ている、休日は10時間以上画面を見ているという子どもがかなりの数でいます。私のところへは1日15時間以上情報端末の画面を見ているという事例も報告されました。情報端末が放つ光は、それを浴びることで直ちに問題が発生するわけではないという見解も見られますが、さすがに10時間や15時間も毎日のように画面を見続けていれば、影響が出てもおかしくはないと思います。

目の疲れや過剰な接触による視力低下を避けるために、情報端末への接触時間は短い方がよいと考えられます。何時間までならよくて、何時間を超えると望ましくないという明確な基準を作るのは難しいですが、長時間使用はリスクが伴うということを自分自身が考えることができれば（あるいは判断が難しい子どもについては、保護者がそのリスクを考えることができれば）短くおさえることができると思います。夢中になっている子どもにとって使用時間を短くおさえるというのはストレスに感じることもあります。しかし、保護者から制限されるのではなく、**長時間使用の問題点を子どもにしっかり学ばせ、子ども自身が自分でコントロールできるようになることが大切**です。保護者の管理が必要な年齢においては、保護者がその課題について学ぶ機会がないといけないと思います。

情報端末の長時間使用による視力等への影響を軽減させるため、物理的に制限をかける方法もあります。いわゆるフィルターといったものが主流です。パソコンの画面やスマホ・タブレットの画面にフィルターの役割になるものを貼って、目から入る光の量を調節するものです。メガネにブルーライトカットのレンズを入れるというものも一時期話題になりました。しかし、紫外線やブルーライトを完全に悪いものであるという認識で排除することは避けたいものです。

「体内時計」は、体内で24時間サイクルの生理的なプロセスを調整するための生物学的なメカニズムです。体温、ホルモン分泌、睡眠、覚醒リズムなどを制御します。この体内時計は外部環境からの情報を受け取りますが、特に光の刺激が重要な役割を果たします。ブルーライトは日中の明るい光環境で特に多く、体内時計に強い影響を与えます。眼の網膜にある特定の細胞はブルーライトを感知し、体内時計に情報を送信します。これにより、体内時計は昼と夜を区別し、適切な時刻に体温やホルモンの分泌を調整します。また、紫外線は肌に直接影響を与えることが知られていますが、紫外線はビタミンDの生成にも関与します。ビタミンDは体内時計とも関連しており、適切なレベルのビタミンDが体内時計の調整に役立つことが知られています。つまり、太陽光を日中に浴びるということは体内時計の調整に寄与し、昼間は覚醒を促進し、夜間の睡眠をサポートするのです。このように、紫外線やブルーライトが体内時計に重要な働きかけをしていることから考えると、これらを日常生活から完全に排除するという考えは望ましくないだろうということがわかります。

とはいえ、紫外線やブルーライトを過剰に取り入れることや、誤った時間帯に取り入れることになれば、悪影響を受ける可能性があります。特に**情報端末から発せられるブルーライトを適切でない時間帯に浴び続けてしまうと、体内時計への影響が出てくる可能性がある**ので注意が必要です。

情報端末の長時間使用による目への悪影響を考えるとき、私は**家庭での使用を想定するだけでは不十分**だと思います。というのは、子どもにとって、ギガスクール構想で取り入れられた一人1台の端末（学習用タブレット）の存在が非常に大きくなってきているからです。

文部科学省は、2021年4月に『タブレットを使うときの5つの約束』という児童生徒の健康への配慮等に関する啓発リーフレットをウェブサイトに掲載し、各学校においてぜひ活用してほしいと呼びかけています（同ページには家庭向けにも、「ご家庭で気をつけていただきたいこと」という啓発リーフレットを掲載しています）。その中に記載された5つの約束のうち、3つは「目」への配慮についてです。具体的には、「①タブレットを見るときは、目から30センチ以上はなして見よう。②30分に1回は画面から目をはなして、20秒以上、遠くを見よう。③時間を決めて遠くを見たり、目がかわかないようにまばたきをしたりして、自分の目を大切にしよう。」というもので、「目・視力」への影響を意識していることがわかります。学校においては、家庭でのスマホ等の目への影響の啓発を進めるだけでなく、**学校でのタブレット使用や、家庭に持ち帰ったときの使用についても注意し、適切な配慮や指導を行っていく必要がある**のです。

私は学校現場でタブレット使用の様子を見ることが非常に多いのですが、タブレットから20センチほどの距離で、のぞき込むような姿勢で操作する子どもが多いことが気になっています。また、時おり目を休めるという指導が養護教諭の先生止まりになっていて、**多くの校内の先生がその重要性をあまり意識していない**ことに不安を感じることがあります。「目の健康」の啓発に関しては、学校の責務も大きいと考えます。

4 体力への影響

情報端末を長時間使用すると、当然体を動かす時間が減ります。体を動かす時間が減れば、体力が落ちることとなり、各方面でその関連が指摘されています。

小中学生を対象とした大規模な調査では、「令和3年度全国体力・運動能力、運動習慣等調査」の結果からスポーツ庁が示した考察が、非常に興味深いものとなっています。情報端末に関わる部分を抜粋します。

・体力合計点については、令和元年度と比べ、小中男女ともに低下した。低下の主な要因としては、令和元年度から指摘された、①運動時間の減少 ②学習以外のスクリーンタイムの増加 ③肥満である児童生徒の増加について、新型コロナウイルス感染症の影響を受け、更に拍車がかかったと考えられる。また、コロナの感染拡大防止に伴い、学校の活動が制限されたことで、体育の授業以外での体力向上の取組が減少したことも考えられる。

・**学習以外のスクリーンタイムは、視聴時間が2時間以上の割合が増加**しており、特に男子が長時間化している。

・**学習以外のスクリーンタイムが長時間になると、体力合計点が低下する傾向がみられる。**

（令和３年12月スポーツ庁「令和３年度全国体力・運動能力、運動習慣等調査の結果（概要）について」より。太字は著者による。）

情報端末の使用時間・スクリーンタイムと、視力、体力、学習成績等の関連については数値で示すことが困難なことが多く、「関連がある」等の表現にとどまることが多いのですが、この「全国体力・運動能力、運動習慣等調査」の考察においては、**体力合計点が低下した主な要因として「学習以外のスクリーンタイムの増加」とはっきり示しています**。

スクリーンタイムが増えて体を動かすことが減れば運動不足となり、体力が落ちるのは当然でしょう。また、「運動不足になると消費カロリーが少なくなるため、肥満に陥りやすくなる」ということは各方面でいわれてきていることですし、「肥満→体力低下→更に肥満」という負のループの存在も以前から指摘されてきたことです。はっきりしたデータこそないものの、私の長い教師経験や、情報端末への依存に関する多くの相談事例から考えれば、情報端末の使用時間が長くなると体を動かさなくなるという傾向は当然多く見られます。

ただ、子ども自身に聞いた「情報端末を使っていて健康・生活面で心配に思っていること」の調査結果（27ページ参照）では、使用時間の増加や学力への影響、目への影響を心配する子どもが多い中、「運動不足」を心配する割合はさほど高くなく、**運動しないことが常態化してきている**ということも考えられます。今後は、運動能力、運動習慣等の調査の結果と考察をもっと広く共有し、課題に取り組んでいかないと、次代を担う子どもたちの体力低下が本当に心配になります。

PART
4

心の健康と
スマホ・タブレット

健康的に生きるためには、身体的な健康だけではなく、心の健康も大切です。

スマホ・タブレットの使用の増加により、これまで大人が経験してきたことのない、いじめや依存症など、子どもの心に大きな影響が及んでいると思われる兆候が表れはじめています。

1 人との「よりよい関係づくり」を目指す心の教育

私が40年近く学校現場で子どもたちと接してきて、心配になっているのが子どもたちの心の変化です。友達との関わりの中でのトラブルは、40年前も今も、同じように起きていると思います。しかし、子どもとネット社会との関わりが深くなった今、そのトラブルの質が大きく変わってきています。トラブルの要因は多種多様ですが、子どもたちの**「人を思いやる心」というものが変化してきている**と思います。

たとえば、トラブルによって、相手が泣いてしまったとします。ふつうの感覚ならば、「これはひどいことをしてしまった」と反省し、謝るのではないでしょうか。ところが、私のところに来る相談の中では、泣いている相手を見て「ざまあみろ」という反応をしたり、自分の気がすむまで同じことをくり返して相手を傷つけたりといったことが行われるということがあります。最近の多くの子どもがはまっているオンラインゲームの中に、これとよく似たやり取りがあり、このごろの子どもたちの心の在り方に大きく影響していると私は考えています。殺りく系ゲーム、アクション系ゲームで相手を倒したとき、相手がもうすでに戦闘不可能であるのに相手をいたぶり続ける「死体撃ち」、負けた相手に対し自らが踊ってみせるなど相手を馬鹿にする「あおり行為」は、多くの子どもが日ごろから見聞きしている行為です。

私たちの心の在り方について考えるとき、よく「日本人の心」という言葉が使われます。日本人の心として一般的にいわれているのは、「協調性・礼儀正しさ・忍耐と我慢・謙虚さ」といったものです。2011年に東日本大震災が起きたとき、暴動が起きることもなく、支援物資の支給にきちんと列を作って待つ姿、家族を失うなど極限の状況にありながらも支援する人々に「ありがとう」と頭を下げ、おたがいに助け合う姿は、日本人の心のすばらしさとして、海外の記者から全世界に発信され、大きな話題となりました。私自身も、日本人の心のすばらしさに改めて感嘆した記憶があります。しかし、それから十有余年が過ぎた今、子どもたちの**「相手を思う心」の存在が揺らぎ始めている**ことに心を痛めています。

これは子どもだけの責任ではありません。コロナ禍の約3年間、大人に対する制限は緩い部分が多くあったにもかかわらず、学校の子どもたちには厳しい制限がかかりました。長く続いた休校措置、修学旅行をはじめとしたさまざまな行事の中止や縮小、給食時の前を向いての「黙食」等々。大人（学校）は子どもたちに対し、**人と直接関わらないことを推奨し、オンラインで関わることを良しとし、がまんを強いてきた**のです。たくさんの制限を強いられた多くの子どもは、SNSで友達と関わり、オンラインゲームでストレス発散をしてきました。その中で、子どもの心が変化を起こしても不思議ではありません。コロナ禍が明けたからといって急に、「SNSには気をつけなさい」「オンラインゲームはほどほどにしなさい」と指導され、3年もの間、友達との直接の関わりが激減していたのに、急に「友達と触れ合いましょう」と言われて、戸惑う子どもがいてもおかしくありません。私たち大人は、子どもたちの戸惑う気持ちに寄り添いながら、「直接、人と関わることの楽しさ」「力を合わせてものごとを進めることの有意義さ」「困難を乗り越える充実感」といった**喜びや悲しみを、人との直接の関わりの中で共有する体験を推奨していく**必要があると思います。そのことが、子どもの心を育て、日本人の心を次世代に引き継ぐ上で重要であると考えます。この取り組みは、**家庭、地域、学校がそれぞれの役割を自覚し、力を合わせて推進**しないと実現していきません。

学校で心の教育としてまず思い浮かぶのは「道徳」です。教科としての道徳は、主に道徳的価値や道徳の内容について学ぶものですが、道徳教育は学校の教育活動全体を通して行うものです。同様に「心の教育」は、ある教科や、ある活動の中だけで育てるものではなく、教育活動すべての中で培うべきものだと思います。情報リテラシー・情報モラル教育においても、**インターネットの中であっても外であっても人との「よりよい関係づくり」を目指す活動・学びが必要**であると思います。

教育の場で「ＩＣＴ教育」という言葉が多用されるようになりましたが、ＩＣＴは、Information and Communication Technology の略です。「情報通信技術」と訳されますが、私は単なる「通信」ではなく、日本で使われる意味での「人と人とのコミュニケーション・関わり」の要素が大きいと考えます。ＩＣＴ教育を進める上で学校は、何を重視すればよいのでしょうか。教育活動は多岐にわたっていて簡単に言い表すことは難しいですが、**人との「よりよい関係づくり」ということを意識した教育活動**を、コロナ禍後の今こそ心掛けることが大切だと思います。ネット社会、情報化社会の情報通信テクノロジー競争が加速する今、相手に先んじる、シェアを広げる、対価としての利益を得る……といった活動は当然重視されるべきことですが、子どもの心の育成という、次代を考える上で最も重要な課題を実現していくためには、「よりよい関係づくり」を目指すということを忘れてはならないと思います。

2 SNSでの誹謗中傷やいじめ

子どものSNS利用で目立つトラブルが、友人関係のトラブルです。友達が映っている写真や動画を投稿することから起こるトラブルはもちろんのこと、悪口、誹謗中傷、いじめの事例も多数発生しています。SNSをはじめとするインターネットを介したトラブルが深刻な事案に発展する原因は何でしょう。原因と、学校でできる防止策について考えてみましょう。

〈深刻化する原因〉

① 表面化しにくい

SNSでの個人間のやりとりは、非公開設定にすれば第三者が見ることはできません。通常の会話はこの機能によってプライバシーが守られるわけですが、いじめや誹謗中傷も同様に外からは見ることができません。**自分で声を上げられない被害者が追い詰められていく**理由はここにあります。

② 拡散しやすい

一度表面化すると、インターネットの力で広く拡散する可能性があります。①とは対照的な性質で、表面化することで問題視されて解決に向かうこともありますが、反対に被害者が**拡散してほしくない情報が拡散したときのダメージには計り知れないものがあります**。しかも拡散のスピードは対面で人から人へと噂が広がっていくレベルよりはるかに広くて速く、文字通りあっという間に拡散してしまいます。

③相手が見えにくい

裏アカウントやなりすましのアカウントを使って攻撃されると、個人のレベルでは相手を特定することが難しくなります。もちろん、警察等の力を借りれば特定は可能ですが、被害者がそこまで踏み切るにはかなりのエネルギーが必要となります。

④心理的な負担が大きい

①でいえば誰も助けてくれない中で追い詰められていく絶望的な心理、②と③でいえば知られたくないことが誰かわからない人たちによって広められ、多くの人に知られてしまったという壊滅的な心理、この心理は、**対面で行われるいじめの数倍ものダメージがある**ともいわれています。

実際は数十人への拡散であったとしても、被害者にとっては、学校中の、あるいは日本中の人に知られてしまったのではないかという不安と恐怖が襲ってきて、すれ違う人の視線を異常に気にしたり、自分のSNSを1日に何回も確認したりしてしまう状況に陥ることがあります。

〈早期発見、早期対応のために〉

では、SNSでの友人関係のトラブルをどのように防止していけばよいのでしょうか。

被害者の人生をも変えてしまう深刻な誹謗中傷やいじめは、早期に発見して、まだ傷が浅いうちに対応する必要があります。そのために大切なことを二つ挙げます。

① 周囲の大多数の子どもの意識を高める

被害者本人が声を上げて助けを求められればよいのですが、追い詰められた心理状態ではそうはいきません。私の経験では、**多くの事案が発覚するきっかけが、友人からの知らせ（訴え）によるもの**です。被害者や加害者の近くにいる友達は、初期の段階で何らかの情報・変化をキャッチすることがあります。しかし、その状況を見て問題と感じても見て見ぬふり（傍観）をしたり、加害者の側に立ってほくそ笑んで見ていたりすることがあります。この状況があると発覚が遅れ、重大事案に進展していきます。

誹謗中傷やいじめが発生している状況下では、子どもたちは加害者、被害者、傍観者、その他の第三者に分けることができます。全校児童生徒が５００名いたとするならば、いじめている子どもが数名、被害者が1～数名、もし見かけたら勇気を出して止めに入れる意識の高い子どもが数十名、あとの大多数の子が傍観者あるいは第三者です。

私が情報リテラシー・情報モラル教育に関する学習会や講演会で「人の心」や「命の大切さ」について話をすると、学校関係者が、ＳＮＳのトラブルを起こして学校へ登校できていない子や、こういった話自体を聞きたがらない子を思い浮かべて、「あの子たちに聞かせたかった」とおっしゃることがあります。私はそんなときに、「いちばん聞いてもらいたいのはほかの大多数の子どもたちです」と答えています。だから、学習会や講演会では、「勇気を出して先生へ、おうちの人へ、少しでも早く知らせてください」と強調しているのです。**大多数の子どもたちの意識を全体に上げて**おけば、こういった事案の関係者になったときに、「これはまずいんじゃないかな」「早く親か先生に知らせよう」という意識が働き、早期発見・早期対応につながるのです。**大多数の子どもたちの意識が高い学校は、**

重大事案が発生しにくいのです。

②具体的な事例を話す

なんといっても大事なのは未然防止です。しかし、「いじめはやってはいけない」「相手の気持ちを考えて」などという話を子どもたちは何回も何回も聞いていて切実感がありません。子どもたちには、自分ごととして考えさせることが必要です。そのためには自分を重ねて考えられるような実際の事例をもとに話をするのが効果的です。さらにいえば、**子どもが自分に思い当たることがある事例を扱う**ことです。本書のパート6では、具体的な事例を扱っています。このような事例を子どもたちに提示して、考えさせるのもよいでしょう。

そして、インターネットを介した安易な行為が**相手の人生を変えてしまうことがあること、場合によっては命を奪ってしまうことがある**ということをしっかり伝えていくことが大切だと思います。

3 依存傾向や依存への対応

子どもが動画視聴やオンラインゲーム、ＳＮＳ等に夢中になり、生活リズムが乱れて宿題が後回しになったり、家族とのコミュニケーションに問題を感じるようになったり、学校を休みがちになったりしたら、依存傾向の始まりとして見ることができます。また、その状況がさらに進行して昼夜逆転が起き、注意されると逆ギレするなど重い症状が出てきたら依存症と見ることができます。もちろん、正式な判断はお医者さんしかできませんが、子どもがこのような状態に陥ると、抜けだすのが難しくなってしまいます。

依存傾向や依存症から抜けだすためのマニュアルのようなものがあればよいのかもしれませんが、子どもは一人ひとり性格が違いますし、発達段階の差や、家庭環境の違いなどにより対応が違ってくるため、一律に示すのはとても難しいことです。

しかし、私の経験からその状況から抜けだすためのヒントはいくつか紹介できます。ここに挙げる方法で劇的に改善したという事例はあまり多くないのですが、いくつか試してみたら改善に向かったという事例はあります。最近の先生方は、保護者から依存傾向について相談されることも多いでしょう。**子どもがどんな状況にあってもあきらめず、保護者と協力していろいろと取り組んでみる**ことが必要です。

① スモールステップの目標設定

現在、スマホやタブレットを1日に使っている時間を調べ、守れそうなレベルで少し減らした設定をします。現状が1日6時間使用していたら、最初の目標は5時間でよいと思います。一気に減らそうとすると、うまくいきません。目標が守れるようになって安定したら、もう1時間減らして4時間にしてみます。これをくり返していきます。この流れを、**子ども主体で進める**ようにします。子どもは保護者に押しつけられて進めることをきらいます。

順調に減るのは珍しいことで、だいたいは途中でくずれます。目標を立てて少し進んでいても後戻りしてしまうことがあります。そんなときもあきらめず、くずれたら少し緩めてまたやり直す、またくずれたらまた少し緩めてもう一度やり直す……とじっくりねばってみましょう。くずれた原因は何だったのかを親子で考えるようにすると、次への改善につながります。家庭だけで考えるのが難しいときには、担任の先生や学校に支援チームがあれば、その先生方と一緒に考えることも有効です。

② 違う時間の使い方を提案する

依存傾向や依存症から抜けだすための対応を始めると、子どもは「ほかにやることがない」という反応を示すことがあります。**動画の視聴やオンラインゲーム以外に子どもが取り組めるもの、夢中になれるものを提案**していかなければなりません。

私は相談を受けたとき、保護者に「子どもが多趣味になれるように、さまざまな時間の過ごし方を提案し続けてくださいね」とお願いしています。料理や裁縫、各種スポーツ、カラオケなど、お父さんやお母さんが子どもと一緒にできるものを提案できるとよいと思います。お父さんがカードゲームが得意とか、お母さんが野山の散策が好きといった趣味があれば、子どもと一緒にその時間を過ごしてみればよいわけです。

提案したものに、子どもがあまり興味を示さなかったり、始めても長続きしなかったりということもあるでしょうが、あきらめずにいろいろなものにチャレンジさせてみましょう。**子どもと一緒にできるものを探すということに保護者が喜びを感じ**てくれたら、共に夢中になれそうなものを次々に提案することができそうです。このような時間の過ごし方のよさがわかってくると、自然に動画を視聴する時間やオンラインゲームをする時間が減っていきます。

③ペアレンタルコントロールを使う （詳細は74ページから）

「昼夜逆転が起こっている」、「使用時間が異常に長く、学校にも行けていない」といった、依存症の症状でいえばかなり重い状況になってきたら、ペアレンタルコントロールを活用するとよいでしょう。大きく乱れている生活リズムを通常の形に戻していかないと、学校へ行きたい気持ちがあっても行けないという悪循環を起こします。

昼夜逆転を起こしている子どもについては、睡眠時間をまず把握します。【A：眠くてもなんとか学校へ行けている子ども】は、睡眠時間を削っている可能性が高く、【B：学校へ遅刻して行っている、あるいは学校に行けていない子ども】は、逆に睡眠時間は確保できている場合がほとんどです。

Aの子どもは、「朝、起きられない」「学校で眠くなる」という困り感があるはずです。その**困り感を親子で共有**して、使用時間を少なくするスクリーンタイム設定や、Wi-Fi ルーター設定をします。

Bの子どもはAの子どもに比べて依存度が高いので、使用時間を減らすことに大きな抵抗を示すことがあります。そこは無理をしないでまず、昼と夜の逆転を戻す Wi-Fi ルーター設定をします。

私が推奨しているのは、**夜中の12時にWi-Fi接続が切れる**設定です（ルーターに接続している機器のそれぞれに別の設定をすることが可能です）。子どもには、「時間を短くしているのではなく、時間帯をずらすだけだよ」という形で説得します。Bの子どもは睡眠時間が8〜10時間程度でしっかり確保されていることが多いのですが、そこはあえて朝6時ごろから使える設定にしておきます。「使用時間は減らない」という約束を強調してみせるためです。これによって納得できる子どもがほとんどです。夜12時にWi-Fiルーターへの接続が切れてしまうので、ゲームをしていても途中でゲームが中断する形になります。子どもは途中で電源が落ちるのを大変いやがるので、たいがいは12時の少し前のキリがいい時間にやめるようになります。うまくいけば朝の8時前後で目が覚めるようになるので、昼夜逆転は修正できてきます。あとは、朝食や夕食の時間を確保するためのWi-Fiルーター設定をすれば、家族と一緒に食事ができるようにもなります。

④ Wi-Fiを完全にストップする

保護者と学校が相談しながらあれこれ方法を試して改善しようとしても、もはや抜けだせないという状況になったら、専門のカウンセリングや医療機関に相談するという方向になります。しかし、その前に最後の手段として以下を試すこともできます。ただ、この方法を試すことにより、子どもが暴れるとか、家を飛びだしてしまう可能性があるなどというときには実施しない方がよいでしょう。子ども自身に「このままではいけない」「なんとかこの状況から抜けだしたい」といった困り感がある、あるいは親子、学校との話し合いの中で上手に子どもの困り感を引きだすことができるという場合にはうまくいくことがあります。

前述した①〜③のいろいろな方法を試す中で、「もしうまくいかなかったらWi-Fiを完全にストップする」という予告をあらかじめしておきます。**事前の予告がないままWi-Fiを切断すると、ほとんどの場合がトラブルにつながります**。必ず予告をしておいてください。その上で、Wi-Fiを完全にストップ（切断）します。この方法は大きなペナルティーの要素があるので、子どもに改善する意思が出てくれば、通常のWi-Fiルーターによるペアレンタルコントロールに戻していきます。

さらにもう一つ、保護者が情報端末機器を預かるという方法があります。これは困ったときに多くの家庭で行われているものですが、素直に従って反省に至るケースがある一方、「取り上げられた」という感覚が強いので強い反発が見られることがあります。「探しだして隠れてやっている。隠して見つけられてのいたちごっこになる」とか、「暴れて部屋の中を壊しだした」という話もよく聞きます。また、保護者が怒りにまかせて機器を壊す、解約する、売却するといった対応をしたケースもありますが、その場は収まったように見えるものの、子どもが心に大きな傷を負ったり、不満を蓄積させてあとで爆発したりすることもあります。**何より親子の関係を著しく損なう可能性がある**ので避けたい対応です。

⑤相談機関・医療機関に相談する

子どもが依存による健康上の問題を抱えたり、精神的に非常に不安定な状況になったりした場合は、相談機関に相談したり医療機関に相談したりする必要がでてきます。ネット・ゲーム依存に関して専門的に診てくれる医療機関は年々増えていますが、保護者から学校に相談があった場合は、いきなり医療機関を探すよりは、スクールカウンセラー、スクールソーシャルワーカーとの相談を勧め、必要に応じて医療につなげてもらう形がよいと思います。

4 性被害を防止する

各小中学校、高校ではインターネットを介した性被害防止について大なり小なり扱っているはずです。インターネットを介して出会った人は簡単に信じてはいけない、個人情報を相手に教えてはいけない、下着や裸の写真を送ってはいけない……こういうことは幾度となく聞いているはずなのに、なぜ実際に被害に遭ってしまうのか、あるいは事件までには至らなかったものの一歩まちがえば大変なことが起きていた可能性がある事案が多発しているのか、その原因と防止に向けた取り組みについて扱いたいと思います。

〈なぜ起きてしまうのか〉

① 自分ごととしてとらえていない

インターネットを介した出会いについて気をつけるようにという話を聞く機会があっても、どこか他人ごと、自分には関係のないこと、自分は大丈夫、といった感覚の子どもが被害に遭いやすいのです。

② 個人情報に対する認識の低さ

特にSNS上において個人情報の扱いが甘く、**警戒心が薄い子どもが年々多く**なっています。日々さまざまな人とやりとりをしていると、慣れから来る気の緩みから、個人情報を書き込んでしまうことがあります。また、多くの人とネットを通して関わっていると警戒心が薄れ、個人情報を簡単に聞きだされてしまう傾向があります。

③ネットでのやりとりの方を好む子どもがいる

コロナ禍で推奨されたオンラインでの対人関係の経験が後押しをして「対面のやりとりは面倒だけど、ネットのやりとりは気楽でよい」と感じる子どもが増えてきて、見ず知らずの人とのやりとりに興味をもつケースがあります。

④現実逃避、ネットの世界を居場所にする

日本の子どもの自尊感情は低いといわれており、日々の生活でいやなことがあったり、自分の居場所をうまく見つけられなくなったりしたとき、**ネットの中に居場所を見つけようとする**子どもがいます。この傾向が強くなると、ネットの世界にもう一人の自分を作りだしてしまうこともあります。別の自分ができあがると、現実の世界ではできないスリルを味わおうとしたり、現実ではできないことをネットの世界で実現しようとしたりすることがあり、危険な状態に陥ります。

⑤インターネット特有の心理に翻弄される

いちばん近い距離にいる家族や友人は、よいところも見えますが悪いところも見えやすいものです。しかし、インターネット上の素敵な相手は、お金持ちだったり、イケメンだったり、優しかったり……といった、よい情報ばかりが入ってきます。やりとりの中で、徐々に素敵な人というイメージがふくらみ、多少不自然なことがあっても疑わず、どんどんのめり込む傾向が強くなります。やがて嫌われたくないという心理から、相手の命令まできくようになっていきます。

⑥お金やスリルのために自分の心や体をないがしろにする

自己肯定感や自己有用感が低かったり、自分の命の大切さをよく理解できていなかったりすると、お金をかせぐ、スリルを味わうといった目の前の目的達成のために、**自分の心や体を犠牲にする**ことがあります。

〈どうしていけばよいのか〉

「都道府県や市町村で行っているネットパトロールを強化する」、「各種フィルタリング機能を活用する」といった主に技術的な対応は一定の効果を挙げることができるでしょう。もちろんそれも大事ですが、性被害に関する対応は、いじめ・誹謗中傷の対応と同じく、**子どもの考え方の根本に迫ること**が重要です。「年に1回は性被害防止の講演会を実施する」という学校もありますが、年に講演会を1回やっただけで大丈夫と考えるのはあまりにも安易です。以下に示すような取り組みを継続的に行ってほしいと思います。

①自分ごととして考えられる授業、学習会の実施

「ネットで知り合った人と直接会うのは危険です」といった一般的な話は何回も聞く機会があることでしょう。そこにとどまるのではなく、子どもの実態に合わせて具体的に踏み込んだ話を扱うべきです。そのために必ず、**子どもたちの実態を把握**してほしいと思います。実態把握の方法はいくつか考えられますが、長野県が毎年行っているような実態調査も効果的です。

学校が実際に校内でアンケート調査を行い、その結果を具体的に挙げて学習会を行えば、子どもは自分の日常と関わる部分が多いため顔を上げ、食い入るように話を聞いて考えます。

②家庭への啓発を行い、家族で考える機会をもつ

小中学生が学習以外でスマホやタブレットなどを使用する場所は、家庭が最も多くなります。子どもの性被害防止のためには、保護者の関わりも大きなポイントとなります。最近はスマホ世代やゲーム世代の保護者がずいぶん増えてきました。自分たちが学生だったころも性被害の事案はあったのでしょうが、発生件数は今ほどではなく、危機感が薄い保護者もいます。**最近の性被害事案の加害者は、以前に比べてより巧妙で、被害者の心の隙間を上手についてくるということを保護者が理解できていない**ケースが多いように思います。前述の子どもに対する学習会と同じく、保護者が自分ごととして考えられるような保護者向けの学習会や講演会を実施し、家庭でもしっかり考え、対応してもらう方向が望ましいと思います。

③リアル（対面）での人との関わり、実体験を重視する

リアルよりもネット上でのやりとりを好むような傾向を抑止していくためには、子どものネット利用を制限する対応ではなく、**リアルでの関わりのよさを体験**させていくことが必要です。

④自尊感情を高める、命の大切さを考える学習を行う

日本の子どもの自己肯定感、自己有用感、いわゆる自尊感情は他国に比べて低いと言われ続けています。ユニセフが2020年に発表した「レポートカード16――子どもたちに影響する世界：先進国の子どもの幸福度を形作るものは何か」で、日本は「身体的健康」は38か国中の1位であるにもかかわらず、「精神的幸福度」は38か国中37位と、最低レベルです。また、厚生労働省の「令和5年版自殺対策白書」によると、日本の十代の死因の1位が自殺となっており、自殺死亡率はG7の各国、フランス、ドイツ、イギリス、イタリアに比べてずいぶん高く、アメリカ、カナダと同じレベルで高い水準にあります。このほかにも各種調査で日本の子どもの自尊感情の低さは指摘されています。

「自分は必要とされていない」「もうどうでもいい」というような**精神的に迷いがある状況でのネットへの逃避・依存は、性被害やいじめ事案の増加につながる**と思います。また、自分の命の尊さについてよく理解できていないと、自分自身を粗末に扱ったり、自暴自棄になったりして、性被害のリスクは一段と高まります。「命は大事で、失ったら二度と取り返せません」といった一般的な話は、子どもたちは何回も聞いてきていることで、心の奥までしみこまないことがあります。また、ゲーム世代の子どもたちは「リセット」感覚が身についていることが多く、**知らず知らずのうちに人の命さえもリセットできるような感覚が心のどこかに育ち始めている**ということは、日々接してきた子どもたちの様子から私が感じていることです。家庭教育や、学校での教育活動全体で「自尊感情を高める学習」や「命の大切さを考える学習」を行うことが、今まさに必要ではないでしょうか。

PART
5

保護者に知ってほしいスマホ・タブレットとのつき合い方

スマホ・タブレットと健康的につき合える子どもを育てるためには、保護者自身の理解や家庭の協力が欠かせません。

学校は、家庭任せにするのではなく、家庭への啓発に努めるのはもちろん、地域とも連携して子どもたちの育成にあたることが大切です。

1

ペアレンタルコントロール——親子で話し合って自分でコントロールする

このパートでは、学校として保護者に知ってほしいスマホやタブレットとの「つき合い方」について説明していきます。保護者会で話したり、学級通信で伝えたりするなどして、保護者に理解を深めてもらいましょう。

まず、パート4でも触れたペアレンタルコントロールについてです。

ペアレンタルコントロールという言葉を初めて聞くと、レンタルという言葉が耳についてなんだろうと思いがちですが、ペアレント（親）がコントロールするという意味です。

多くの子どもが、インターネットやSNS、オンラインゲームなどに依存傾向を示し、そこから抜けだすのに苦労しています。いちばん理想的なのは、情報端末とのつき合い方を自分でコントロールできるようになることです。自分でコントロールできている子どもには、親があれこれ指示したり制限したりしなくても大丈夫なのですが、やりたい続けたいという気持ちを上手にコントロールできないという子どもに対しては、家庭で保護者がそのコントロールを少し手伝うとよいのです。私の考えでは、「親がコントロールする」というその言葉通りの対応ではなく、**子どもがコントロールしようとする気持ちを親が助ける、親子で話し合って情報端末とのつき合い方を共に考える**ということこそが、ペアレンタルコントロールだと思います。

私に相談を寄せていただく保護者のつぶやきに、「なかなかやめてくれない」「2時間以内と約束したのにやめないで続けている」というものが多くあります。子どもが依存傾向を示しているとき、「親がやめさせる」という動きは子どもにとって大きなストレスになります。保護者が電源を落とす、スイッチを切る、なかなかやめないのでWi-Fiルーターのコンセントを抜く、取り上げて隠しておく……このような行為は子どもたちがいちばんいやがる行為です。そして自分自身でコントロールする力を著しく衰えさせる行為です。子どもが情報端末を使い終わったら、自分自身で電源を切るということが基本中の基本です。今続けているゲームや動画視聴、ＳＮＳを終了するときは、**自分自身で止める、電源を切る**ということが、情報端末とのつき合い方でいちばん重要な部分となります。

使用時間については、1日1時間、2時間程度というように時間で区切ることが多いと思います。続けてやっていて2時間経つという場面もありますが、ちょこちょこと電源を入れて楽しむという場合は、トータルで2時間やっているかどうかを確認するのが難しいです。その場合は、スマホやタブレットのスクリーンタイムの機能を使えば、トータルの時間で対応することができます。

たとえば、iPhoneやiPadのスクリーンタイム設定に代表されるようなアプリケーションごとの使用時間の設定は非常に有効です。「YouTubeは1時間」、「ミュージックは30分」という設定ができるほか、ＳＮＳやゲームは別々に時間設定ができます。保護者の端末から子どものスクリーンタイムの設定を行うこともできますが、この場合は、子どもは親に制限をされているという感覚を強くもちます。そのため、私が推奨しているのは、**子どもが使う端末そのものでスクリーンタイムを設定する**というものです。この方法ですと子どもは、自分でコントロールしている感覚が強くなります。自分の機器で設定すると自分で解除できてしまうので、設定の最終段階で保護者がパスワードをかければよいわけです。スクリーンタイムの設定をしている子どもは年々増えてきており、ほとんどの子どもは最終段階で保護者にパスワードをかけてもらっています。

ただし、このような制限する機能が端末になかったり、スマホ、ゲーム機、タブレットというようにさまざまな情報端末を用途に合わせて使用していると、トータルの使用時間を算出することが難しくなります。こうなると1日2時間などという約束は形骸化してしまいがちです。

トータルの時間管理が難しいときには、**何時から何時まで何をするという生活リズムを作る**ことが有効です。SNSは何時から何時、ゲームは何時から何時という計画を立てるので面倒なイメージがありますが、Wi-Fiルーターについているペアレンタルコントロールシステムを使えば、簡単に接続のオンオフを30分刻みで設定することが可能です。最近のWi-Fiルーターのほぼ全部がこの機能をもっており、Wi-Fiにつなぐ機器のすべてに個別の設定をかけることが可能です。

たとえば、お父さん、お母さんのスマホは24時間使用可能、お姉ちゃんのスマホは18時から21時まで使用可能、弟のゲーム機は16時から19時まで使用可能……といった設定が、パソコンからはもちろん、スマホからも簡単にできます。曜日ごとに時間帯を変えることもできます。しかもちょっとした時間変更もスマホ等から簡単にできます。ただし、親が勝手に設定するとトラブルの元になるので**親子でよく話し合って設定する**のが理想です。

2 家庭でのルールの作り方〈その1〉使用時間の約束

家庭でルールを作るということはとても重要です。ただ、ここで注意したいのは、一般的なルールを作ればいいというわけではないということです。私のところへは、たくさんの相談が来ますが、その多くが、「ルールを作ったのに守ってくれない」というものです。ルールを作ったものの、形骸化していて機能していない状態です。「守ってくれない子どもが悪い」「困った子どもだ」というスタンスですが、悪いのは子どもだけではない、あるいは子どもは悪くないともいえます。子どもの情報端末の使い方について保護者は、**子どもに寄り添い、共に考え、共に実践する**ことが求められるのです。「ルールを作ったから大丈夫」ではないのです。

学校が保護者からルール作りについて相談された場合も、**ルールは子どもの実態、家庭の実態に合わせて作る**のが基本であるということを伝えましょう。スクリーンタイムは2時間以内、21時以降は使わない、使用場所は皆がいる居間、といったルールは確かに一般的です。しかしそのルールはわが子の性格に即しているのか、家庭の生活リズムの中で可能なのか、きょうだい関係の中で不公平感はないのか、等々を考慮して作ることで形骸化を防ぐことができます。ここでは、ルール作りで気をつけたいポイントについて、子どもの状況別に説明します。

① 自分でコントロールできている子どもの場合

パート1で紹介したように、SNSや動画の視聴時間と学力テストのクロス集計結果では、全く動画視聴等をしない子どもより、ある程度使用している子どもの成績の方がよいことがわかりました。つまり、情報端末とのつき合い方で自分をコントロールできている子どもはよい成績を挙げることができるということです。**この力は情報化社会を生き抜いていく上で非常に重要な力**で、今まさに求められている力です。

自分でコントロールできる子どもは、保護者との良好な関係の中で約束をすれば、細かいルールを作らなくても自分で判断して使用していくことができます。つまり、大枠を決めてあればその中で上手につき合っていけるのです。はっきり示せるデータはありませんが、私の長い経験の中での感覚では、およそ2～3割前後の子どもがこれに当たると思います。

②少し保護者が手伝ってあげればできる子どもの場合

「情報端末の使いすぎに気をつけたい」「自分がやるべきことをきちんとやらなくてはいけない」という意識はあるものの、いざ使い始めるとなかなかやめられないという子どもの場合は、子どもだけに任せず、保護者がちょっと手伝ってあげるというスタンスの取り組みがよいでしょう。

いちばん理想的な手伝いは、**適切なときに必要最低限の声がけをする**ことです。ある程度自分でコントロールしようとする意識がある子どもは、適切な声がけがあれば自分でコントロールできます。「やめなさい」とか「1時間って言ったでしょ」という頭ごなしの声がけや、いきなり電源を切るといった対応は逆効果です。「みんなと一緒にご飯食べようよ」、「そろそろ宿題やらないと眠くなっちゃうよ」という声がけをすると、その言葉が子どもの頭に入り、やめようという意識が働き始めます。

子どもが何をしていたかをろくに見ていなかったのに、子どもが活動の合間にたまたまスマホを見ているところを見つけて「またやってる！」という声をかけるのは、子どもが保護者に大きな不信感を抱くことにつながります。今やるべきこと、次にやった方がよいことへ自然に意識が向く声がけが大切です。

また、事前の約束を作っておくとしたら、「食事は家族と一緒にとり、楽しく会話しよう。食事中は操作しない」とか「やるべきことをやらないで使用し続けない」「次の日に影響が出ないように、やりすぎずにやめて寝よう」といった、自分で考えて行動できるものがよいと思います。

③ある程度、保護者のコントロールが必要な子どもの場合

保護者の声がけだけではなかなか自律できない子どもへの対応は、65ページや74ページで扱った「ペアレンタルコントロール」の制限を取り入れたらよいと思います。

「使用時間は2時間以内」といったような大きなルールではすぐに形骸化してしまいます。子どもの興味関心や、子どもたちの間での流行はどんどん変化していくものです。その変化に対応するためには、**約束の柔軟さ**が必要です。変化が生じたときに親子で話し合って決めなおして対応していくのです。たとえば「YouTube 30分、ゲーム45分、ＳＮＳ15分」を、学年が上がってＳＮＳの時間が足りないというのであれば、「YouTube 15分、ゲーム45分、ＳＮＳ30分」に変えるという対応をしていくのです。さらに、成績が下がった、生活リズムが乱れ始めたといったことがあったら、トータルの時間を少し短くする組み合わせを、子どもと話し合って決めるのです。この場合も、子どもの情報端末で子ども自身が設定し、最後に保護者がパスワードをかけてあげます。約束の文言でいえば、「親子で相談してスクリーンタイムを設定しよう」という形で、**保護者の押しつけ感がない**ようにしたい

ものです。

④保護者のコントロールが明らかに必要な子どもの場合

情報端末を買った日から子どもを信用せず、いきなりこの設定にしてはいけませんが、前述の①〜③でスタートしてみてもなかなかうまくいかないときには、少し強めのコントロールを行います。76ページで扱ったWi-Fiルーターを使ったコントロールです。

もちろんこの場合も**親子の話し合いは必ず行う**ことが必要です。Wi-Fiが時間帯によって使えなくなるのでアプリケーション等の中身にかかわらずネットを介したすべてのことができなくなります（Wi-Fiを通さずに直接インターネットにつなげられる機器や、ネットを介さず機器のみでできるゲーム等は、機器ごとに③の設定が必要になります）。この設定によって、宿題の時間、夕ご飯の時間、寝る時間等を曜日ごとに固定し、生活リズムを安定させることが可能です。

ただ、この設定をいつまでも続けるのは望ましいことではないので、生活リズムが安定してきたら、③→②→①という方向に移行していくことが望ましいです。約束の文言は、「親子で相談して使える時間を決める」ということになりますが、この場合は保護者のコントロール性が強いので「生活リズムが安定するまでは」とか、「時間を守れるようになるまでは」という文言をつけ加えると、子どもが前向きになれるのではないでしょうか。

3 家庭でのルールの作り方〈その2〉機器の管理やモラルに関する約束

本パートの2で扱った情報端末の使用時間の約束が上手に守れるようにするために、また、ネットトラブル等を未然に防ぐために、以下の約束もしておくとよいでしょう。この約束も使用時間の約束と同様に、子どもの実態、家庭の実態に合わせて作るのが基本です。保護者にアドバイスする際の参考にしてください。

① 情報端末の置き場所、使用場所の約束

情報端末の置き場所、使用場所は、居間などの保護者の目が届く場所が望ましいです。使用時間をおよそ確認できますし、SNSやオンラインゲームで何をしているのかをおよそ把握できます。

毎回保護者が預かるという対応をする家庭もありますが、初期はそれで対応できていても、やがては**子どもが自分で律することができる**ことを目指してほしいので、使用リズムができあがってきたら子どもから見えるところに置くようにしたいものです。子どもがわからないところへ隠すという家庭もよくありますが、子どもは隠されれば探すという本能が働きますから、いたちごっこになることがあります。目の前にあっても、使うべきときでなければ使わないという習慣づけが自律につながるのです。

基本的には、情報端末を使う場所と学習をする場所は違った方が望ましいのですが、タブレットやノートパソコンを学習に使う場合もあるので、状況に応じてということになります。ただ、今まで私

が関わった多くの事例では、部屋にこもって使っていると、使う時間が長くなったり、トラブルが生じやすくなったりします。子どもが自分の部屋で使う場合には、「自分でコントロールできる子」であるか、スクリーンタイムやWi-Fi制限がきちんとできていることを前提で可としたいところです。これらの条件に当てはまらない状況で子ども部屋での使用を可とすると、問題が生じる可能性が高まります。

②トラブルが起きたとき

家庭でルールを作るとき、「こういうことはやってはいけない」という項目をすべて挙げたら細かい約束だらけになってしまいます。もちろん子どもの発達段階に応じてよりわかりやすく項目を設定する必要があることもありますが、そうでなければ**大きな項目で示して約束した方が現実的です**。たとえば、「人を傷つけるようなことは絶対にしない」「犯罪となることは絶対にしない」「個人情報を公開するようなことは絶対にしない」といったような約束の仕方です。

さて、こういった約束を守ることができず、トラブルになったときの事前の約束をしておくことはとても重要です。トラブル発生後の対応の例は、子どもの性格や発達段階、起こった事案の度合いによってさまざまなものが考えられますが、主な例を挙げます。

【例1】一定期間の使用禁止（機器を保護者が預かる）
【例2】より上の段階の保護者によるコントロールに移行する（無制限↓スクリーンタイムの設定
→Wi-Fi制限等）

【例3】一定期間の使用場所の限定（居間で必ず使用等）

大きなくくりで決めた約束「人を傷つけるようなことは絶対にしない」「犯罪となることは絶対にしない」等を形骸化させず、実効性があるものにするために、**トラブル発生後の対応約束を定期的に確認する**ように保護者に伝えましょう。そして実際にトラブルが起きたときには、小さなことであっても毅然とした態度で対応約束を実行することをおすすめします（子どもの性格上、毅然と対応することがかえってマイナスになる場合を除きます）。というのは、一度「今回は未然に防げたから大目に見よう……」と約束を実行しないと、犯してしまったこと、起きてしまったことへの反省の心が薄れるだけでなく、次に起きたときに「今度こそは約束を守るから……」などと、なし崩しになっていくケースが少なくないからです。**くり返さないためには、毅然と対応すること、これはやってはいけないことなんだという自覚をしっかりもたせる**ことがとても重要です。

③ 作ってはいけない対応約束

対応約束を考えるときは、行った行為に関連する対応にするのが基本です。「外出禁止」「食事を制限する」「趣味を取り上げる（情報端末に関連がないもの）」「掃除をさせる」等々は対応約束にしてはならないと思います。そもそも食事制限は虐待ですし、趣味を取り上げれば効果があるだろうと考えるのは大きなまちがいで、むしろ逆効果になります。

子どもが納得して応じるのは、**行った行為に関連する制限**です。自分で行ったことなのだからやむを得ないと感じることが、反省・改善につながります。

4 家庭でのSNS使用で注意すること

子どもたちの間ではさまざまなSNSが使われていますが、学校の先生はもちろんのこと、保護者にも知っておいてもらいたい基本的な機能と注意点を、SNSの主な機能別に挙げます。

①プロフィールの紹介

SNSでは、自分の興味、趣味、経歴などの情報をプロフィールページに表示します。しかし、自分の住所や名前、電話番号、学校の名前など、**個人が特定される情報は載せない**ことが基本中の基本です。その情報を見た見ず知らずの人から迷惑行為を受けたり、犯罪目的で近寄って来られたりといったことが起こります。また個人の情報を収集して売買している人もいることから、個人情報が広く拡散されてしまうことがあります。その結果、迷惑メールが大量に来るようになったり、詐欺に利用されたりすることもあります。

②写真や動画の投稿

写真や動画は大切な個人情報です。小中学生の間では、芸能人やユーチューバーがSNSを活用していることに憧れて、**よく考えずに写真や動画をアップしてトラブルになる例が後をたちません**。写真だけアップして名前や住所を書かなければ特定されないだろうという安易な発想から、思わぬ被害に遭ってしまうこともあります。位置情報や、写真や動画に映り込んでいる情報から学校や自宅が特定されてしまうことがありますし、意図的ではなかったとしても、友達やほかの人が写りこんでいる写真や動画から、その人のプライバシーが侵害され、個人情報が漏洩することもあります。

最近まで迷惑系ユーチューバーといわれる、問題のある動画を投稿して再生数をかせぐという人たちがいて、まねする人もたくさんいました。こうした動画の一部が炎上していましたが、2022年に若者が寿司屋さんで不適切な行為をする動画が相次いで拡散し、全国チェーンのお店が対策を余儀なくされたことが大問題となりました。これがきっかけで、インターネット上にある同様の動画が次々と「炎上」し、損害賠償を求められる事案が続発しました。世間の目がそれまで以上に厳しくなり、同様の写真や動画をアップすれば、そのほとんどがたちまち炎上するようになりました。

一度炎上すれば、名前や住所、学校、家族構成等はたちまち特定され、拡散され、本人だけではなく家族が、学校の友達が辛い思いをすることになります。場合によっては、その後の人生さえも大きく変えてしまうことになるので、**「ふざけてやってしまいました」「軽い気持ちでやってしまいました」などという話はまったく通用しない**ということを、しっかり自覚させておくことが大切です。

③ フォロー、友達リクエスト

SNSでは、ほかのユーザーをフォローしたりフォローされたり、SNS上で「友達」になったりすることができます。

子どもの中には**フォロワーの数を競い合う傾向**が少なからずあり、過激な投稿等でその数を増やそうとする事案も発生しています。友達リクエストについては、子どもが、相手がどういう人物かもよく理解しないうちに安易にコンタクトをとろうとする要因にもなるので注意が必要です。

④タイムライン機能

自分のページに、フォローしている人たちの投稿が表示され、最新の投稿やアップデートをチェックすることができる機能です。自分の投稿がフォロワーのページに表示されるわけですから、フォロワーが多いほどその投稿に責任が大きくかかってきます。不用意な投稿は避けなくてはなりません。

⑤ストーリーズ（ストーリー）機能

一時的な写真や動画の共有機能で、日常のできごとやコメントが投稿されます。通常24時間以内に自動的に削除され、プライバシー設定で誰に見せるかを制御できることが多いです。

子どもたちの間では、**時間が経てば消えるから大丈夫と安易に投稿する例**が多く見られます。しかし、投稿する内容に問題があればあるほど、見た人から切り取られて拡散する可能性が高くなります。友達や知り合いの悪口などを書き込み、それを見た人がスクリーンショット等で撮影して拡散し、大きなトラブルになる事例が多くあります。

⑥コメント、リアクション

投稿に対してコメントを残したり、リアクションボタン（いいね、ハートなど）を押して反応したりすることができます。これらの機能によりほかの人と対話するわけですが、フォロワーの数と同様に、「いいね」や「ハート」の数を増やしたくて、過激な投稿、うそやデマの書き込みをすることがあり、混乱を招いたり、自分自身の信用失墜が起きたりする原因となります。

⑦グループ、コミュニティ

共通の趣味やトピックに関連するグループが存在し、これに参加したり、自分で新しいグループを作ったりすることで、グループ内でチャット形式の会話や音声会話、ビデオ会議等ができます。

子どもは、対面の関わり合いの中でも、グループ内のトラブルがつきものですが、**SNSのグループではトラブルがより発生しやすくなります。**対面よりも意思疎通が難しいこと、情報が拡散しやすいこと、誰が見ているのかがわかりにくいこと等、ネットの特徴をよく知っておくことが必要です。

⑧直接の会話、ダイレクトメッセージ

SNS上の友達やグループ内のメンバーと、プライベートにチャット形式の会話や音声会話、ビデオ通話等をすることができます。

グループのメンバーに知られずに直接会話できるメリットとは逆に、個人攻撃、脅迫、性被害への導入手段につながることがあり、注意が必要です。**見ず知らずの人と、安易に会話をしないことが鉄則**です。

これらのSNSの機能やトラブルについては、年齢や使用状況に応じた指導・理解が必要ですが、ここに示したこと以外にも注意すべきことが多種多様にありますから、**保護者だけでなく教育関係者も、「流行のものはよく知らない」ですませてしまうのではなく、積極的に理解しようとする姿勢**が必要だと思います。なぜなら、SNSに関連したトラブルは非常に多く発生しており、子どもの人生さえ変えてしまうような重大な事案に発展することも少なくないからです。

5 オンラインゲームで注意すること

コンピューターゲームは、1978年に登場したインベーダーゲームが全世界で大ヒットしてコンピューターを使ったゲームのジャンルを確立させ、その後、現在に至るまで進化し続けてきました。ゲームセンターへ出かけて行ってお金を払って楽しむスタイルから、機器やソフトを購入して家庭で楽しめる形となり、その後は機器が小型化し、持ち運んでゲームを楽しめるようになりました。このごろは専用のゲーム機だけでなく、パソコンやスマホ、タブレットを使ってインターネットを介したオンラインでゲームを楽しむ形が増えてきました。そのオンラインゲームで保護者に知っておいてほしいことを以下に挙げます。

① 対象年齢

日本で販売されるゲームソフトには、その表現内容にもとづき、対象年齢等を表示する年齢別レーティング制度があります。この表示により、含まれる表現内容の対象年齢がわかります。

【CEROレーティングマークの年齢区分】

○全年齢対象（CERO「A」）年齢区分の対象となる表現・内容は含まれておらず、全年齢対象。

○12才以上対象（CERO「B」）12才以上を対象とする表現内容が含まれている。

○15才以上対象（CERO「C」）15才以上を対象とする表現内容が含まれている。

◯17才以上対象（CERO「D」）17才以上を対象とする表現内容が含まれている。
◯18才以上のみ対象（CERO「Z」）18才以上のみを対象とする表現内容が含まれている。（18才未満者に対して販売したり頒布したりしないことを前提とする）

「なかなかやめてくれないのですが……」という相談を小学生の保護者から聞くことが多いのですが、そもそも**対象年齢でないにもかかわらず、やらせていることが問題**です。数年前に小学生の間でも大流行したフォートナイトはCERO「C」（15歳以上が対象）です。ゲームをなかなかやめない子どもが悪者になりがちですが、強い言葉を使うなら「対象年齢があることを知らなかった」「やっているとは思わなかった」というのは保護者の監督不行届ともいえるのです。

② 時間の管理が難しい

コロナ禍でシェアを大きく伸ばしたバトルロイヤルゲーム（大勢のプレイヤーが生き残りをかけて戦う。最後まで生き残ったプレイヤー［チーム］が勝者となる。バトルロワイアルと呼ぶこともある）のようなゲームですと、子どもは友達と一緒にプレイすることを約束することが多く、たとえば、夜10時集合などとなれば、夜中まで続くことになります。家庭で時間制限や時刻制限を設定していれば当然引っかかってしまいます。「◯◯君と約束している」「学校で仲間はずれになってしまう」などという場合にどうするか、親子でしっかり話し合っておく必要があります。

また、友達との関係でなかなかやめられない場合は、**学校の保護者会で話題にしたり、保護者同士で連絡を取り合ってもらって対応したり**すると解決することがあります。

③ボイスチャットでのトラブル

多くのオンラインゲームでは、ボイスチャット機能が備えられており、ゲームを進めながらゲーム内のプレイヤーと会話をすることができます。多くのゲームはたがいに利害が発生するので、ちょっとしたことがきっかけで、ののしり合ったり、誹謗中傷を行ったりすることがあります。「死ね、カス、ザコ」といった言葉が飛び交うことが多く、画面に向かって泣き叫んだり、物を投げつけたりといった感情的な行動をとることもあれば、深く傷ついて元気がなくなってしまうこともあります。学校の教室でも、ゲームの延長でそれらの言葉が飛び交うことがあります。

ボイスチャットの会話でわが子が発している言葉は、保護者が近くにいれば聞こえるはずです。「何かやってるな」と無関心でいるのではなく、どんなやりとりをしているのかを把握している必要があると思います。**「たかがゲーム」と考えていると大きなトラブルにつながります。**

④「課金」（本書では「課金」を、ゲーム等でお金を使うことの意味で用いています）

ほとんどのオンラインゲームは無料で利用することができます。しかし、ゲームに夢中になっていくと、対戦型ゲームでは強くなりたいし、勝つために有利なアイテムが欲しいし、育成型・構築型のゲームでは注目を集めるようなアイテムを加えたいと考えるようになります。それらの願いは、ゲームを何回もくり返す中で、あるいはスキルを上げていく中で実現できるものもありますが、**無課金でできることには限界があるような仕組み**になっていることが多いです。上を目指すには、課金をして手っ取り早く強くして、手間暇かけずに進める方がよいと考える子どもも出てくるわけです。

ゲーム会社は、お金と時間をかけてコンテンツを提供しているわけですから、対価としての収入が必要で、この仕組み自体に問題があるわけではありません。低年齢の子どもが楽しむゲームに課金システムがあることに違和感はあるものの、**自分の身は自分で守る、わが子は保護者が守る**ということが基本で、ゲームを使う側の正しい理解と保護者の監督がとても重要です。

⑤心の問題

私がオンラインゲームでいちばんの課題だと感じているのは心の問題です。子どもたちがやがて社会に出て、人とつながっていくためには、人としての心をしっかり育てておく必要があります。思いやる心、敬う心、畏れる心、これらがしっかり成長していないと、社会の中で生きづらくなってしまいます。多くの子どもはゲームの中で自分の思い通りになるように活動する傾向があります。勝つためには手段を選ばないという心も育ちがちです。現実の世界では道徳的にできないことも、ゲームの中では実行できますから（相手を殺すゲームはたくさん存在します）、ゲームの中で自分の思うように行動し、思うようにストーリーが進むという経験を重ねていると、実生活に歪みが生じる場合があります。家庭、あるいは学校といった対面の関わりで思うようにいかないことがあると、すぐストレスをためたり自暴自棄になってしまったりということも起きてきます。

相談に来た子どもと面談する中で、ゲームと現実の世界の区別がついているか確認すると、そこは大丈夫である子がほとんどですが、**いざとなると切れやすかったり、現実の世界に何かしらのリセット感覚をもっていたりすることがあります**。心というものが少し違う形に変化しつつあるのがわかります。子どもたちの心を育てるためには、**学校の友達や家族と共に多くの実体験を積み、家の外でも中でも対面で多くの人と関わる経験をもつ**ことが大切です。

6 「課金」にまつわるトラブルを防ぐ

「課金」とは、ゲームやSNSを利用する中で、より有利にゲームが進められるように、より楽しくSNSが利用できるように、美化アイテム、キャラクタースキン、特典、サービスなどを実際のお金を使って購入することをいいます。子どもが課金をすること自体を否定することはできませんが、課金に頼ることで依存性が高くなったり、使用の長時間化が進んだり、課金トラブルが発生したりということがあるので、保護者には**事前に課金に関する約束を子どもとしっかり交わしておく必要があるということ**を伝えましょう。課金の仕組みは、ゲーム開発者や運営会社によって異なりますが、一般的には以下の主要な仕組みがあります。

①課金の種類

○アクセス料金

ゲーム自体にアクセスするために基本的なプレイ料金を徴収すること。ゲームの購入価格や月額利用料金として発生する。

○アイテム課金

ゲーム内で仮想アイテムやアクセサリーを購入するための仕組み。ゲーム内通貨を購入し、それを使ってアイテムを入手する場合が多い。

○ガチャ課金

ガチャは、仮想アイテムをランダムに入手するための仕組みで、希少なアイテムを入手するためには多くのガチャを引くことが求められる。

○プレミアムサービス

月額料金を支払うことで、特別な特典や機能にアクセスできるプレミアムサービスを受けることができる。

○広告収益

ゲームやアプリ内に広告を表示することで収益を得る仕組み。使う側が広告を視聴することでゲーム内の報酬を獲得できる仕組みもある。無料でアイテムなどを手に入れられるが、思いがけず広告から物品やアプリの購入や会員登録をしてしまい、お金を使ってしまうことがある。

このうち、子どもの課金トラブルになるケースが多いのは、アイテム課金とガチャ課金です。特に**短時間で高額の課金トラブルに及んでしまうのがガチャ課金**です。私のところへ相談がある事例も、50万円を超えるものが出てきていますし、100万円を超える事案やそれに近い事案も複数発生しています。ガチャ課金は1回300円~500円のものが多いですが、1回ずつ引いて（回して）いると時間がかかるので10回まとめて引けるものを好んで使う傾向があります。当然10回まとめての方が割安になっていて、3000円前後となります。「ガチャを引くのに3000円もかかる」と感じているうちは自制できるのですが、保護者のお金で遊ぶうちに次第に感覚が麻痺し、「3000円ならお得」と感じたり、「3000円は安い」と感じたりしはじめ、金額がエスカレートしていくことがあります。

②課金の方法

課金の方法はゲームやＳＮＳ等によって異なります。主に以下の方法があります。

○プリペイドカード、ギフトカード、電子マネー

プリペイドカードやギフトカードを購入し、そのコードを入力（バーコード等で読み取る）して課金を行う。クレジットカード情報は必要ない。

○クレジットカード、デビットカード

クレジットカード情報またはデビットカード情報をゲーム内またはアプリ内で入力し、購入を行う。

○キャリア決済

携帯電話事業者（キャリア）を介して支払いを行う。携帯電話料金に購入金額が加算されて請求される。

プリペイドカードは数百円から数万円ほどのものが、コンビニやスーパーなどで売られていますし、ギフトカードとしても販売されています。実物のカードのほか、自分で金額を指定してネット上でチャージすることもできます。子どもがお小遣いで購入できる金額で保護者に相談の上で購入していればまだよいのですが、**保護者の許可なく購入しているケース**が目立ちます。ＳＮＳやゲームの課金にはまってしまうと、お年玉などで貯めた数万円はあっという間になくなってしまい、父母の財布や、祖父母の財布からお金を抜き取るといった事案、友達とのカードの貸し借りのトラブルも多く報告されています。

課金金額が大幅にアップするのが、クレジットカード、デビットカードやキャリア決済を使った課金です。子どもが自分名義で使っているスマホは、購入時にかけられたフィルタリング機能があったり、スマホの設定で課金ができなくなったりしていることがほとんどで、クレジットカード決済やキャリア決済ができないようになっています。それに対して、子どもが保護者のスマホを借りて使っていたり、保護者の使い古しのスマホを家庭内の Wi-Fi で使っていたりすると、簡単にクレジットカード決済、キャリア決済ができることがあります。高額な課金トラブルのほとんどは、このケースに当たります。子どもは学校でさまざまな情報交換を行っていますが、**課金については「1～2万円以内におさえておかないと親にばれるぞ」といったやりとりもよく聞かれます**。

以前は、クレジットカードの引き落としやキャリア決済については、領収書等が紙で家庭に送られてきましたが、今はスマホ内のアプリやサイトにログインするなどして確認しないと引き落としの詳細を把握することができないことが多いです。1～2万円程度多めの引き落としがあっても保護者が気づかない場合があるため、このような情報交換が行われているのです。

私が高額の課金のトラブルで子どもと面談すると、多くの子どもは、「最初は数万円で課金をおさえていたが、ある日がまんができなくなって、（いわばやけくそのような状態になって）高額の課金を行った」ということが多く、後日保護者に高額な請求が来て発覚するというものがほとんどです。保護者には、親のスマホを貸して使わせたり、使い古しのスマホを使わせていたりしたら、課金をしていないかどうかを注意深く見ている必要があるということを伝えましょう。

7 フィッシング詐欺などのわなにかからないために

とても便利で生活を豊かにしてくれる可能性を大きく秘めたネット活用ですが、その隙間をついて悪意をもったわなを仕掛けてくる者が多数存在しています。まずはどんな種類のわなが存在するのか、そして被害防止に向けて注意すべきことは何かをまとめてみました。

パート1で扱ったように、困ったときに子どもがまず相談するのは家族（保護者）であることが多いです。以下の①～④のすべてにおいて大切なことは、**子どもが自分で解決しようとしないで、必ず保護者や学校の先生などの大人に相談するように、日ごろから伝えておく**ということです。ふだんからくり返しこのことを子どもに伝え続けていないと、大きなトラブルになることがあります。

① 架空請求

メールやメッセージ等の伝達手段で、不正にサービスや商品購入の対価として金銭を要求する詐欺行為です。多くの大人や子どもが利用している、たとえばAmazonやLINE等の運営担当をかたって、架空の請求をしてきます。信頼性のある企業やサービスを装うことが多いため、だまされやすくなります。まったく関係ない請求であれば（Amazonを利用していないのにAmazonからの請求が来る等）、詐欺を疑うことができますが、ふだん利用しているサービスであったり、思い当たるような行動があったりするために本当の請求であると思い込んでしまうことがあります。

「○日以内に振り込まないとアカウントを停止する」「あなたの情報が拡散する」「裁判所に知らせる」

等、対応をせかせるものが多く、よく確認をせず振り込んでしまうケースがあります。子どもがだまされてしまうケースでは、**多少なりとも思い当たることがあるために保護者に相談することができず、自分で解決しようとしてしまうケースがあります。** 少額のうちは振り込むことができても、多額を請求されると対応ができず、そこでやっと発覚することになります。

大人でさえわなにはまってしまうことがあるのですから、年齢が低ければ低いほどリスクが高くなります。学校では、金銭の要求があったときは、自ら保護者に報告するようにということを子どもに伝えてほしいと思います。

〈子どもに伝えたい注意すべきポイント〉

○身に覚えがないのにお金を請求されるものはまちがいなく詐欺なので、詳しく見ようとしたり、調べようとしたりしないで無視する。

○「アカウントを停止する、調査を始める、裁判所に知らせる」といった「脅し」はほぼまちがいなく詐欺。無視するのが基本だが、心配なら、政府が推奨する「消費者ホットライン」や「警察相談専用窓口」等を利用して相談する。

○多くのこのようなメールの文章は、よく見るとおかしなところがいくつもあることが多い。

・宛名が氏名ではなくメールアドレス宛てになっている。

・ショートメールで送られて来る。

・タイトルや本文の日本語に不自然な部分がある。

このようなメールは無視する。

②フィッシング詐欺

信頼性のある企業やサービスを装って、個人情報や金銭を詐取しようとする詐欺行為です。オンラインサービスやSNS、銀行等の偽のログインページを用意して情報を入力させ、情報を盗み取ります。本物の会社のロゴをコピーして使うなど年々手口が巧妙化しており、見破るのが難しくなってきています。

フィッシング詐欺は銀行から多額のお金が引き出されたり、クレジットカードの情報を使って多額の商品を購入されたり、アカウントを悪用されたりするため、多額の被害が生じる可能性があります。子どもには、少しでも怪しいと感じたら自分の情報を打ち込んだり、ログインしようとしたりせず、**迷ったらすぐ保護者に相談するように伝えましょう**。

〈子どもに伝えたい注意すべきポイント〉

○送信元のメールアドレスがフリーメールや、@docomo.ne.jp のような携帯キャリアメールになっていないか確認する。フリーメールはウイルス関連ソフトにひっかかってしまうことが多いが、携帯キャリア会社から送られるメールは引っかからずに届くことが多いため注意が必要。大事なお知らせを携帯キャリアメールで送ってくるなどということは考えられないので、まず疑ってかかるべき。

○①の架空請求と同じで、不自然な日本語を使っている、文字化けをしているといったメールやサイトは無視する。

○誘導しようとするページのＵＲＬが不自然なものにはアクセスしないようにする。巧妙に作られたページであれば、ＵＲＬも巧みにそれらしく作られているが、そうでないＵＲＬも多いので、落ち着いて確認する。

③ コンピューターウイルス

メールの添付ファイルや、ホームページのリンクを開かせることにより、パソコンやスマホなどの情報端末にウイルスを侵入させ、データを盗み取ったり、端末を制御したりします。ウイルス対策ソフトを巧みにくぐり抜ける細工をしたり、添付ファイルやページのリンクをクリックさせるために巧みに誘導したりするため、侵入を許してしまうケースが少なくありません。

よく考えずに、メールや添付ファイルを開いてしまうことでウイルスの侵入を許します。ホームページ上のリンクも不用意にクリックすることで侵入を許してしまうことになります。心当たりのない人やふだんメールなど来ないはずの会社からのメールは「まず疑う」ことです。ネット上のリンクも同様です。**お得な文句で誘うようなリンクや、必要以上に興味をそそるリンクは「まず疑う」ということを子どもにしっかり伝え続けていきます。**

また、もし家庭にいるときに急にパソコンやスマホなどの端末の動きが遅くなったり、再起動をくり返したり、見たことのない画面が勝手に現れるようになったら、自分で何とかしようとせず、すぐに保護者に相談するように、保護者から子どもに日ごろから話しておいてもらいましょう。日ごろの保護者から子どもへの働きかけがないのに「なんで早く言ってくれなかったの！」と言っても後の祭りだからです。

④商品を渡さずお金をだまし取る

偽の商品販売ページを作ってお金を振り込ませ、商品を送らないケースや、偽のアカウントを使って取引（オークションやトレード等）を持ちかけ、お金だけを振り込ませたり、相手には商品を送らせておいて自分は商品を送らなかったりする詐欺があります。偽の商品販売ページは巧妙に作られていて、価格も相場より安く設定されていたり、条件がよい取引にされていたりするため、よく確かめずにあわてて購入しようとしてだまされてしまうことがあります。示されている電話番号は使われていませんし、メールもその後は音信不通となるので泣き寝入りになるケースが後を絶ちません。

大切なことは、①〜③と同様に、「まず疑う」ということです。だまそうとする人は、相手が引っかかりやすいように相場よりずいぶん安い価格を表示したり、なかなか手に入らないものを好条件で取引できたりするようにしています。**「安すぎておかしいな」「話がうますぎるな」という疑いの目で見る**必要があります。

〈子どもに伝えたい注意すべきポイント〉

○大人に相談した上で、電話番号が出ていたらかけてみるとわかる場合がある。「この電話は現在使われていない」とか、「そんなものは販売していない」ということがわかれば詐欺を疑う。

○販売店から買おうとしているのに、商品代金の振込先が、（株）や（有）などがつかない個人名である場合は要注意。売買された口座を使っている場合もある。

○トレードやオークションを利用する場合は、相手の評価を確かめ、多くのよい評価のある人を信用し、評価の少ない人や評価の低い人は避ける（ただし、評価自体を操作されている場合もあるのでうのみにはしない）。

インターネットを介して購入や取引をする際は、見えない相手との取引ですからより慎重になる必要があります。**子どもは、スマホやパソコンを通してのやりとりなので、対面のやりとりより警戒心が薄れる傾向**があります。「情報リテラシー」の語源は、「多くの誤った情報の中から、正しい・必要な情報を見つけだして活用する」であったともいわれています。ネットを介したやりとりは、**信じるところからスタートするのではなく、疑うところからスタートする**ということがとても重要なポイントになるのです。

こんど買うんだ〜
これ、値段が安すぎていて、あやしくない？

8

家庭での「心の健康」のために学校ができること

子どもの心の教育・心の健康にとって、家庭教育は最も大事な柱です。学校や地域は、「家庭のことは家庭に任せる」と考えるのではなく、家庭、地域、学校のそれぞれが力を合わせて、心の教育を推進していく必要があると思います。とりわけ学校には、子どもを共に育てるという視点で、家庭への働きかけをしてほしいと思います。

いまどきの保護者について、「子どもへの愛情不足が目立つようになった」というような話を聞くことがあります。確かにそのようなケースもありますが、わが子が大事だと思う気持ちが、昔からそんなに大きく変わっているとは思いません。私が学校現場で多くの保護者のみなさんと接してきた経験から、あえてその変化を挙げるとするならば、わが子は昔と変わらず大事なのですが、**自分の時間も大事にしようと考える保護者が増えてきている**ということは感じます。昔は、自分を犠牲にして子どもと関わるというスタンスの保護者も少なくなかったのですが、最近は、自分の時間を大切にする方が多くなりました。それはそれで大切なことですが、自分の時間を大切にするあまり、子どもとの関わり、子どもへの愛情が不足する家庭が見られるようになってきていると思います。そして、保護者自身がそのことに気づいていないために、子どもが孤独を感じてインターネットの世界に入り込んだり、対面での人との関わりを好まなくなったりするケースが増えてきています。具体的には、次に挙げるような、子どもが孤独を感じてしまう場面が増えているように思います。

・保護者自身がゲーム三昧で過ごし、子どもと関わる時間が減っている。

・保護者のスマホ使用が日常化しており、子どもと対話する時間が減っている。
・ネットやゲームに夢中な子どもを、「それが子どもがいちばんやりたいこと」だと勘違いし、直接関わろうとする機会が少なくなっている。

では、このような環境にいる子どもたちの心の健康のために、学校は何ができるでしょうか。

①子どもの変化や困り感を保護者に伝える

ふだんと違う様子や、ゲームやSNSへの依存傾向などの様子が見られるにもかかわらず、わが子のことが見えにくくなっている保護者に対しては、**学校や周囲の人々が、子どもの変化や本人の困り感を保護者に上手に伝え、共有する**ことで改善につながることがあります。

パート6でも具体的に紹介しますが、いったん依存傾向になってしまうと、元に戻すのは大変です。学校は、いつもと違う子どもの様子に気づいたら、早く保護者に伝え、一緒に改善を図っていくことが大切です。

②わが子への熱い思いをよみがえらせる働きかけをする

生まれた子どもを初めて抱いたとき、この上ない幸せな気持ちをだれもが持ったことでしょう。子どもにもしものことがあれば、自分の命と引き換えにしてもいいから守りたいと思ったころがあったはずです。しかし、子どもが成長して手がかからなくなってくると、日々の忙しさ、積み重なるストレス等から、子どもへの真の愛情を忘れかけ、ついスマホやタブレット等の情報端末に子育てを頼ってしまったり、保護者自身が情報端末に依存してしまったりするケースがあります。肉体的にも精神的にも疲れてしまうことが多い今の世の中、大人の事情や気持ちは痛いほどよくわかりますが、子どもの心の成長という点で、保護者の関わりは非常に重要であり、欠かすことができないものです。

私は、保護者対象の講演会に行くと、「わが子にもしものことがあったら、自分の命と引き換えにしてでもいいから助けたいと思いますか」と聞くことがあります。すると、みなさん真剣な顔で即座にうなずいてくださいます。保護者のみなさんは、わが子に何かあればだれよりも真剣に関わり、大切に守ろうとすることができるのです。わが子への愛情がなくなってしまったのではなく、「忘れかけてしまうことがある」のだと思います。ですから、その**愛情を思い起こすような場面**があれば、わが子を改めて愛おしく感じ、大切に関わろうとすることができるのではないでしょうか。

そのために学校ができることがあるのかと疑問に思われるかもしれませんが、できることはあるのです。私は、多くの先生方が工夫してそのような場面を創りだしているのを見てきました。たとえば次のような実践です。

・母の日、父の日に、子どもから保護者へ作文やプレゼントを贈る（シングル世帯や、両親がいない家庭にも、先生方は配慮・工夫して対応しています）。
・子どもが、自分の成長を写真や作文でまとめ、保護者に贈る。
・保護者が、わが子が生まれたときのエピソードを作文にして子どもに贈る。

このほかにも、各学校・学級では、たくさんのすてきな企画を実施しているのではないでしょうか。こんな企画があったら、保護者のみなさんは、感動、感激し、改めてわが子を抱きしめたくなるのではないかと思います。

③子どもの様子を伝える

毎日夕飯時などに、学校でのできごとを話題にできている家庭はいいのですが、「学校のことを話してくれない」という保護者の声や、「忙しくてなかなか話を聞いてくれない」といった子どもの声を聞くことがあります。そんな家庭のためにも、**子どもの行動や発言でよかったこと、がんばっていたことや、子どもが悩んでいること、困っていることなどを積極的に保護者へ伝える**と、よい話題提供になります。連絡帳に書き込んだり、直接電話をして伝えたりといったことをくり返していると、先生と保護者との関係もよくなります。学校で問題が発生したときだけ家庭に連絡をしていると、家庭は先生からの連絡をよく思わなくなります。よいできごとを伝える努力を重ねていると、いざ問題が発生したときに真剣に受け止めてくれる可能性も高まります。

子ども個人の様子を伝えるとともに、学級全体や、取り上げた何人かの子どもの様子を学級通信などのお便りで知らせることも有効です。内容と構成の工夫によっては、保護者がお便りを見るのが楽しみになります。そうすればおのずと親子の会話もはずみ、関わりが生まれるきっかけになります。避けたいのは、「〇〇してください」「〇〇に困っています」といったお願いや連絡ばかりのお便りで、それをくり返していると、読まなくなってしまう保護者も出てきます。

④親子でできることを紹介する

オンラインゲームやSNSに依存傾向を示す子どもに対して、子どもと一緒にオンラインゲームを楽しめばよいのではないかと考えて試す保護者も少なくありません。しかし、子どもの上達は目覚ましく、あっという間に追い越されて相手にされなくなったり、友達や、技術の高い見知らぬ人との対戦を楽しむようになったりと、子どものゲーム依存に拍車をかける形になることがあります。

私が相談を受けてうまくいった事例では、**デジタル機器を使わないアナログな遊び(トランプやボードゲーム、けん玉等)や、保護者と一緒に行う趣味などの実体験**を経験することで、依存傾向が改善に向かうことが多いです。デジタルの世界にはまっている子どもにとって、アナログな遊びや実体験はかえって新鮮に感じられるのではないかと考えています。しかし、保護者の中にはこういった遊びを知らない方もいますし、知っていても行うきっかけがない方もいることでしょう。そのため学校では、参観日や学級・学年レクで、家庭でもできる遊びやゲームを取り入れたり、お便りで紹介したりするとよいでしょう。また、料理や散歩、買い物など、ふだんできることを「親子でする」ことのよさを紹介するのもよいでしょう。

かわいいわが子の人生を左右することにもなり得るのですから、「わが子のためなら自分の命と引き換えてもよい」と考えられる保護者であれば、多少疲れていても子どもと関わることはできると私は思います。さらにいえば、子どもと関わることを負担に感じるのではなく、楽しいと感じることができれば、疲れも取れるというものです。

ですから、私が保護者にアドバイスをするときは、「親子で一緒に楽しめるものを探して、いろいろと試してください」と言います。また、「多趣味になるように子どもに働きかけてください。そのうちの一つが将来の仕事や趣味に結びつくこともありますよ」といった話もします。親子で楽しく過ごす時間が多い家庭が増えていけば、なんだか明るい日本の未来が見えるようでワクワクします。

PART
6

子どもの体と心を守る いざというときの対応事例

このパートでは、これまで相談を受けてきた事例をもとに、具体的にどのようなトラブルが起きているのか、また子どもの体と心を守るためにどのように対応すればよいのかを考えます。

1

オンライン活用の推奨によって増えたネット依存・ゲーム依存の子どもたち

世の中には、アルコール依存、薬物依存、ギャンブル依存などさまざまな依存があります。そういった依存の原因となるものの扱いに関しては、法律で制限されていることも多いのですが、ネット依存やゲーム依存に関しては制限されていない部分が多いこともあり、子どもが依存状態に陥る、あるいは依存が低年齢化していくということが大きな問題となってきています。

近年では、コロナ禍において人と直接関わることをできるだけ避け、オンラインで授業を受け、オンラインで人と関わるということが推奨されました。友達と直接遊ぶという体験が激減しましたが、**オンラインゲームやSNSを介した関わりならば直接会わずに人と関われるので、子どものインターネット活用についてあまり問題視されませんでした**。子どもたちの間にオンラインゲームが急激に広まったのも、このあたりの事情が原因の一つになっています。

コロナ禍を受けて臨時休業となる前、各家庭ではたとえば「2時間以内」とか「夜9時以降は使わない」といった家庭のルールがあったのですが、臨時休業中に家にずっといることになれば、その時間を超えても仕方がないという形で、多くの家庭でその約束がくずれていきました。

もちろん、コロナ禍のときに家族との関わりを深めた例も多くありました。ふだん忙しくてなかなか家にいないお父さんやお母さんが家にいる時間が長くなったために、家庭菜園を一緒にやったり、DIYで物づくりをしたり、家族で散歩に出かけたりといったことを行った家庭では、家族の絆を深めることもできました。しかし、さまざまな事情の中で、子どもの相手をスマホやタブレット、パソコンに任せてしまった家庭も少なくなく、それが原因で依存傾向を示す子どもが多くなったのも事実です。コロナ禍が落ち着いたとはいえ、そのころの依存傾向を引きずり、なかなか抜けだせない子ども・家庭の相談はとても多いです。

さて、ここからは、ネット依存・ゲーム依存の段階を次の４つに分けて考えていきます。

①ネットやゲームを始める段階
②ネットやゲームに夢中になり、やるべきことが後回しになる段階
③ネットやゲームが優先され、生活が大きく乱れてくる段階
④部屋に引きこもり、無気力・攻撃的になる段階

学校が、保護者から相談されることもあると思います。それぞれの段階でどのような対処が必要であり、段階を進ませないためにはどう対応していけばよいのか、私が相談を受けた事例をもとに考えてみましょう。なお、ここに挙げた事例はさまざまな事例をもとにした架空の事例であり、実在の人物や学校とは一切関係ありません。

2 ネット依存・ゲーム依存に陥るまでの四段階

① ネットやゲームを始める段階

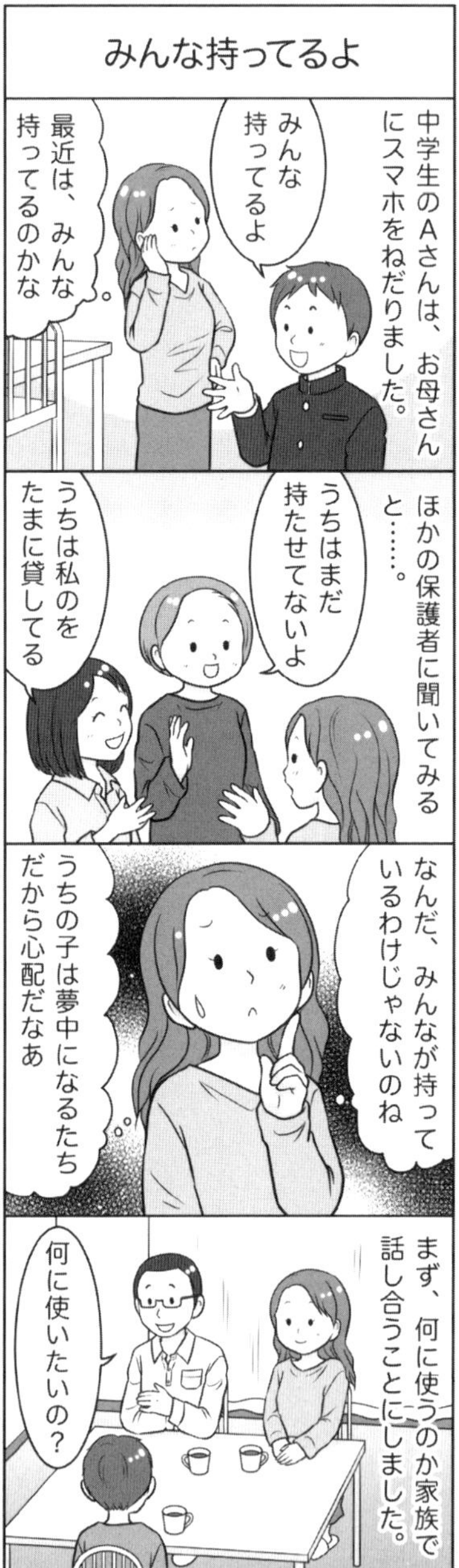
みんな持ってるよ
中学生のAさんは、お母さんにスマホをねだりました。
みんな持ってるよ
最近は、みんな持ってるのかな
ほかの保護者に聞いてみると……。
うちはまだ持たせてないよ
うちは私のをたまに貸してる
なんだ、みんなが持っているわけじゃないのね
うちの子は夢中になるたちだから心配だなあ
まず、何に使うのか家族で話し合うことにしました。
何に使いたいの？

子どもは誰でもネットやゲームが好きであると思ったら大まちがいで、もともとネットやゲームに興味のない子どももいますし、やるけれども長くはやらない、やるべきことはきちんと実行してからゲームをするといったように、自分でコントロールできる子どももいます。それに対して、ネットやゲームの楽しさに夢中になり、依存傾向を示し始める子どももいます。

子どもの「みんな持っている」とか「みんなやっている」とかいう言葉を、保護者がそのまま信じ込んで対応してはいけません。特に日本のお父さんやお母さんは、わが子がほかの子どもと同じでな

いことを心配する傾向が、諸外国に比べて高いといわれています。仲間外れにされたらどうしようとか、みんなについていけなくなったらどうしようと心配する気持ちもわからないではないですが、**冷静に状況を把握して、わが子の発達段階や性格をよく考えて対応してほしい**と思います。

わが子が、スマホあるいはタブレットが欲しいと言いだしたら、その使い道をしっかり話し合ってみるのがよいと思います。たとえば、YouTube を見たいというならば、わざわざ小さな画面のスマホで見るのではなく、大きな画面のパソコンの方が向いているかもしれませんし、テレビに内蔵されたアプリで見ればよいかもしれません。パソコンやテレビは、通常は居間などにあり、保護者が管理しやすい状況にあります。それに対してスマホやタブレットは、自分の部屋に持ち込めるだけでなく、家の外でも持ち歩きできるので、保護者の目が届きにくい状況にあります。

いろいろと話し合って考えて、スマホやゲーム機を買い与えるということになったら、子どもと保護者とで使い方についての約束を決める必要があります。買い与えて長時間使用が目立つようになってから制限しようとしても、**すでに依存傾向を示している後では親子のトラブルに発展しかねません。**

私が保護者からスマホやタブレットを買うかどうかの相談を受けたときには、「もし買うとなったら必ず事前に親子の約束を作っておいてくださいね」と伝えます。その約束は、**うやむやにならないように何か見える形で明記し、はっきりさせておく**必要があります。ただ、相手は子どもですから、一度決めたら二度と変えないというスタンスではなく、使っていく中で変化が生じたら、親子の話し合いをして親が少し譲歩して条件を変えたり、逆に使い方に不安な点があったら条件を少し厳しめにしたりといった、柔軟な対応をしていくことが大切です。

② ネットやゲームに夢中になり、やるべきことが後回しになる段階

もう少し、もう少し
Aさんは、買ってもらったスマホに夢中になりました。
ごはんよ
うん、もう少し
お風呂は？
うん、もう少し
だんだん生活リズムがくずれてきて、保護者も心配になってきました。
大丈夫かしら？

私たちが実施しているアンケートの結果を見ると、約半数に近い子どもが、ネットやゲームを始めるとなかなかやめられないという傾向を示しています。それだけ魅力的なゲームやSNS等がたくさん出てきている、あるいは周囲の関わり・環境が原因ということも多く、**やめられないのは子どもだけに責任があるわけではありません**。

保護者はもちろん、子ども本人に困り感があれば、スクリーンタイムの制限をすることで改善することができます。75ページでも説明したようにスマホやタブレット等の情報端末は、スクリーンタイムの制限の設定を、アプリケーションごとに設定することができます。たとえば、「YouTubeを見る時間は1時間以内」といった細かい設定ができます。設定をするときは、親子で相談をして、**子ども自身に使用時間を決めさせ、子どもの情報端末上で子ども自身が設定する**のが望ましいです。この形

を取ると、子どもが自分で取り組んでいるという意識が高まります。ただ、誘惑に負けて自分で設定を変えてしまう例も少なくないので、最終的には保護者が設定にパスワードをかけるというのが一般的です。

この②の段階で食い止めることができれば、大きな生活の乱れを防ぐことができます。

③ネットやゲームが優先され、生活が大きく乱れてくる段階

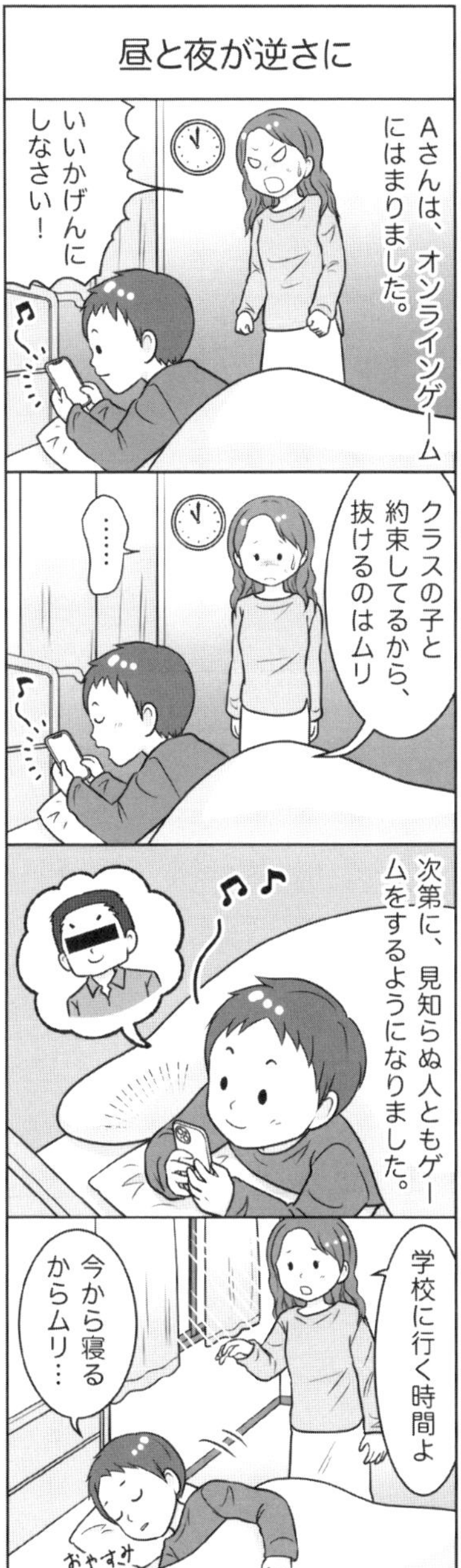
昼と夜が逆さに
Aさんは、オンラインゲームにはまりました。
いいかげんにしなさい！
クラスの子と約束してるから、抜けるのはムリ
……
次第に、見知らぬ人ともゲームをするようになりました。
学校に行く時間よ
今から寝るからムリ…
おやすみ

②の段階が進行し、保護者がどんなに声をかけても、生活リズムが大きくくずれてしまっており、自分の力ではそれを修正することができないのがこの段階です。あまりたびたび注意されたり、強制的に時間を制限されたりすると、暴れたり部屋にこもったりといった様子が見られるようになります。

この段階で昼夜逆転が起きると、自分の力で修復することは非常に難しく、保護者が強制的に正し

い生活リズムに戻そうとしても戻らないケースがほとんどです。荒療治で、朝寝ないでその日の夜まで起きていてそれから寝るということを試す家庭もありますが、確かにその夜は9時や10時に寝ることができても、2、3日すれば、元の昼夜逆転に戻ってしまいます。

このような状況になったときの対応策の一つとして、Wi-Fiルーターを使った使用時間のコントロールがあります（65ページ参照）。ただ、この方法が必ずうまくいくとは限らず、失敗例もたくさんあります。失敗例のほとんどは、子どもからしつこく制限の解除を求められたり、家の中で暴れられたりして、保護者が設定を解除してしまうというものです。

うまくいかない理由は、子どもの発達段階や性格によるものもありますが、**親子の関係がくずれかけている、あるいは親子の関係がくずれてしまっているという状況にある**ことが多いです。親子の関係がしっかりしていれば、よく話し合って、今の困った状況を何とか乗り越えようと力を合わせることができるのです。「もう中学生なので、親子で話せるような話題はない」とか、「今は思春期なので、親子の会話がないのは当たり前だ」というようなとらえ方をしていて、親と子の距離がとても遠くなっている家庭が見られます。このような家庭では昼夜逆転が起きやすく、また一度昼夜逆転が起きると修正がほとんどきかない状況になり、次に示す④のような深刻な状況へと移行していくことが少なくありません。

④ 部屋に引きこもり、無気力・攻撃的になる段階

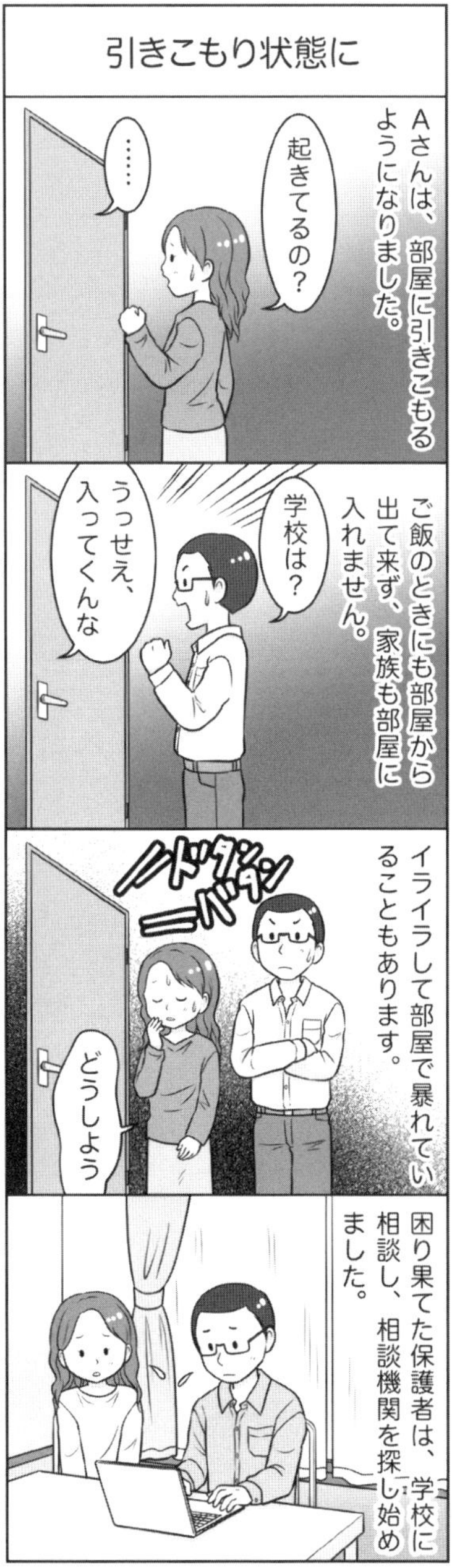
引きこもり状態に
Aさんは、部屋に引きこもるようになりました。
起きてるの？
……
ご飯のときにも部屋から出て来ず、家族も部屋に入れません。
学校は？
うっせえ、入ってくんな
イライラして部屋で暴れていることもあります。
ドッタン
バッタン
どうしよう
困り果てた保護者は、学校に相談し、相談機関を探し始めました。

ネット依存、ゲーム依存の段階でいちばん重く、危機的な段階です。この段階の子どもは、表情がとぼしくなり、家族と接する場面でも笑うことが少なくなるなど無気力な様子を見せるケースと、顔つきや目つきがきつくなり、常に攻撃的で、ゲームでうまくいかなかったり、イライラしたりすると物を投げたり、机をたたいたり、大声をあげたり、壁を蹴ったりといった行動が見られるケースがあります。無理矢理静止しようとすると、家族に攻撃が及んだり、部屋にこもって出てこなくなったりといったことも起こります。身体的にも、頭痛、肩こり、目の疲れなどが起こることがあり、そのことからよりイライラする様子が見られます。

この状況になると、アプリやネットの使用制限も効かず、問いかけにも反応せず、食事は部屋まで運ぶか、気が向いたときに出てきて勝手に食べるという状況になり、家庭ではなす術《すべ》がなくなります。

そして家族は相談機関や医療機関を探し始めるわけですが、この状況で本人が相談機関に行きたがるはずもなく、途方に暮れて家庭全体が暗くなってしまいます。

相談機関や医療機関にヘルプを出す状況になる前に、保護者にがんばってほしいことがあります。それは、**あきらめない**ということです。そこまで子どもを追い込んでしまった責任は保護者にもあるのです。決して子どもだけのせいではありません。子どもが小さかったとき、楽しく関わったあのころ、自分を犠牲にしてまで子どもを大切に育てたころを思い起こして、部屋にこもる子どもと少しでも会話ができるように、粘り強く、温かく接してみるのです。子どもも、今の状況や自分自身に困っているはずですし、ここまで親に育ててもらってきたという感謝や愛情の気持ちが心のどこかに眠っているはずです。**子どものつらさを保護者が共有できれば、子どもが心を開いてくれる可能性はあります**。そうすれば、効果的に相談機関や医療機関につなげることができるかもしれません。

ここで、ネット依存・ゲーム依存で私が関わった相談事例を二つ紹介したいと思います。プライバシーに配慮し、あえて内容を少し変えて表現している部分もありますが、いずれも実際の相談にもとづいた事例です。

【楽しい体験でスマホを手離せたBさん】

小学校5年生のBさんはスマホに夢中で、起きている時間はほとんどスマホから目を離すことができませんでした。学校にも行かず、保護者はとても心配していました。私が面談したときも、目を合わせることなくずっとスマホを操作しています。簡単な会話は成り立ちますが、注意の先はスマホの画面です。3回目の面談は、Bさんとお母さんと私の3人で、レストランで行いました。どんなSNSをやっているのか聞くと、30以上のSNSやゲームのアプリを見せながら説明してくれました。朝起きると、そのほとんどのアプリを開いてログインボーナスをもらったりコメントを書いたりするので、それだけで1時間から2時間かかるということです。食事が届くとさすがにスマホを置いたので、そこで初めて私と目が合いました。Bさんは自分でもなんとかしなくてはいけないという気持ちになっていて、「スマホを置いて自然体験をする企画」に誘ったところ、参加の意思を示してくれました。

この企画では、スマホを事務所に預けて自然体験に参加することになります。企画初日、Bさんは、「先生、絶対に電源を入れないので、スマホをポケットに入れておいていいですか?」と聞いてきました。理由を聞くと、「いつも触っていないと落ち着かないんです」と言います。私はちょっとびっくりしましたが、「仕方ないからそれでもいいよ」と答えました。ところがBさんは、開始直前に自分でスマホを事務所に預けました。そして、参加した仲間と体育館でゲームをしたり、外でピザを焼いたり、星の観察をしたりするうちに、笑顔がたくさん見られるようになりました。2日間の企画が終わると、「とても楽しかった」という感想を残して、スマホの電源を入れないまま帰っていきました。

制限するばかりが対策ではなく、**ほかにも楽しいことがたくさんあり、それらを体験して多趣味になっていく**ということが、よい改善の方向なのだと改めて感じた例でした。

【ベーゴマにはまったCさん】

東京都に住んでいる中学校1年生のCさんは、オンラインゲームに夢中で、朝方までゲームをやり、短時間寝て登校するという生活が続いていました。保護者がゲームのしすぎを注意したり、Wi-Fiを切ったりしようとすると暴れるという状態でした。相談を受けた私は、お母さんに、ゲームを禁止したり制限したりするのではなく、ほかに夢中になれるものを子どもに提案してはどうかという話をしました。「お母さんが子どもと一緒にできることが何かありませんか」と聞くと、お母さんは少し考えた後、「ベーゴマならできます」と答えました。「ベーゴマってあのちっちゃい鉄のコマですよね。大丈夫ですかね」と私は懐疑的な返事をしてしまいましたが、とにかくやってみようということになりました。

数か月後に様子を聞くと、なんとCさんはベーゴマに見事にはまっていたのです。近所にベーゴマサークルがあって、そこで毎週楽しくベーゴマをしているそうです。また、ベーゴマサークルの隣には「めんこ」サークルもあって興味をもち、家に帰ってめんこもやり始めたそうです。仲間に勝ちたいと毎日ベーゴマやめんこの練習をするので、疲れて早く寝られるようになったとのこと。デジタル時代の子どもにとって、アナログの遊びには新鮮な魅力があるのかもしれません。お母さんの話では、相変わらずオンラインゲームもやっているそうですが、時間は短くなったそうです。

ゲーム以外に楽しいものを見つけて趣味にすることはとても有効ですし、子どもの性質を見抜き、提案できたお母さんがとてもすばらしいと感じた例です。

3 不適切な写真や動画の投稿に関する事例

多くの子どもがＳＮＳを利用するようになるにつれて、写真や動画の投稿によるトラブルが多発するようになりました。私のところへ来る相談で以前多かったのは、高校生に関する相談でした。しかし、このごろは小中学生に関連するものが多く、低年齢化が進んでいると感じますし、高校生はある程度使い方について理解してきているということがわかります。

芸能人等の有名人がＳＮＳを使ってフォロワーを増やしているのを見て憧れたり、あるいは将来のユーチューバーを夢見たりすると、子どもたちは自分の撮った写真や動画をＳＮＳに投稿したくなります。私たちの行っているアンケートによると、スマホを持っている生徒のうち、中学生の約20パーセント、高校生の約35パーセントが、スマホ・タブレット等を使って動画・写真の投稿をしていると回答していました。しかし、安易に投稿すると、重大な事案に発展する可能性があります。

ここからは、写真や動画の投稿によるトラブルについて、

①個人情報が漏れる
②不適切な写真や動画が拡散する
③性被害につながりそうな事案

の３つに分けて、具体的な事例を見ていきましょう。

① 個人情報が漏れる

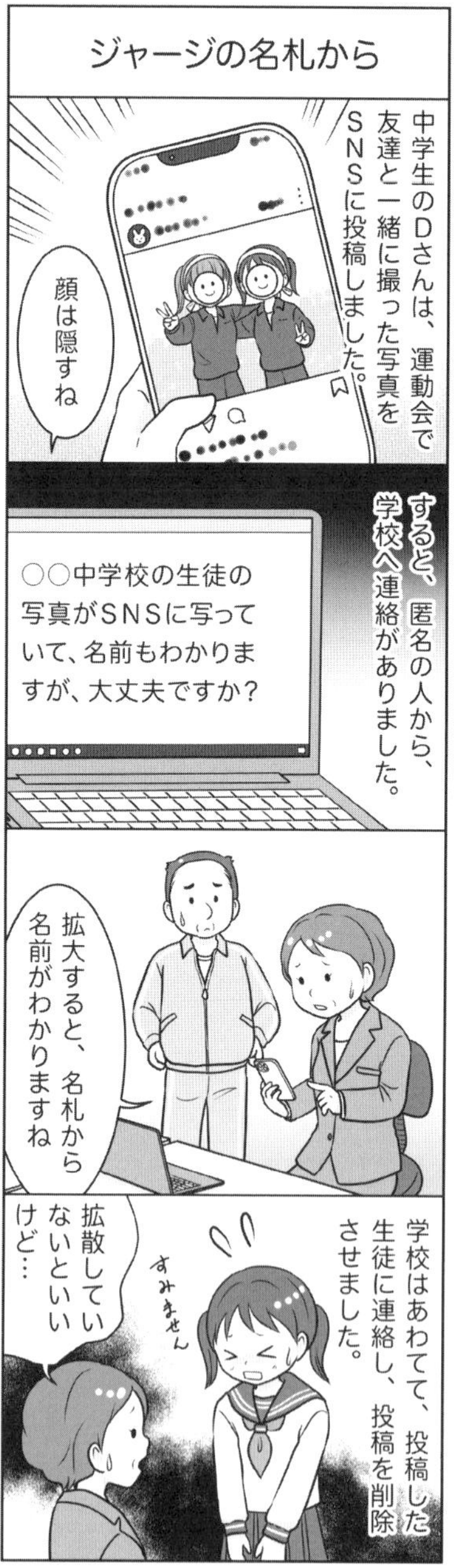
ジャージの名札から
中学生のDさんは、運動会で友達と一緒に撮った写真をSNSに投稿しました。
顔は隠すね
すると、匿名の人から、学校へ連絡がありました。
○○中学校の生徒の写真がSNSに写っていて、名前もわかりますが、大丈夫ですか?
拡大すると、名札から名前がわかりますね
学校はあわてて、投稿した生徒に連絡し、投稿を削除させました。
すみません
拡散していないといいけど…

写真や動画の投稿によって個人情報が漏れる理由はいくつかあります。写真や動画に、個人情報につながるものが映り込んでいたり、位置情報が写真に埋め込まれたままになっていたりすることです。

この事例のように、写真に学校の制服やジャージが映り込んでいれば学校が特定されますし、さらに名前が映り込んでいたり、添えたコメントに名前や住所等が書かれていたりすれば、個人が特定できるのです。最近のスマホは写真撮影の機能が充実しており、画素数が非常に高い設定で撮影されることがあります。一昔前は大きなデータの写真や動画の投稿にはサイズ制限がありましたが、最近はサイズが大きいままでの投稿が可能なため、**細かな情報も読み取られやすい**のです。

この事例では、子ども本人のアカウントから投稿されていたため、本人が急いで削除しました。この後、学校では、自分だけでなく友達の名前まで読み取れる写真を投稿することは極めて問題であること、**たとえ名前が写っていなくても、個人が特定されることがある**ことを伝え、安易な投稿を控えるように指導するとともに、ほかの生徒にもSNSに関する注意喚起を行いました。

② 不適切な写真や動画が拡散する

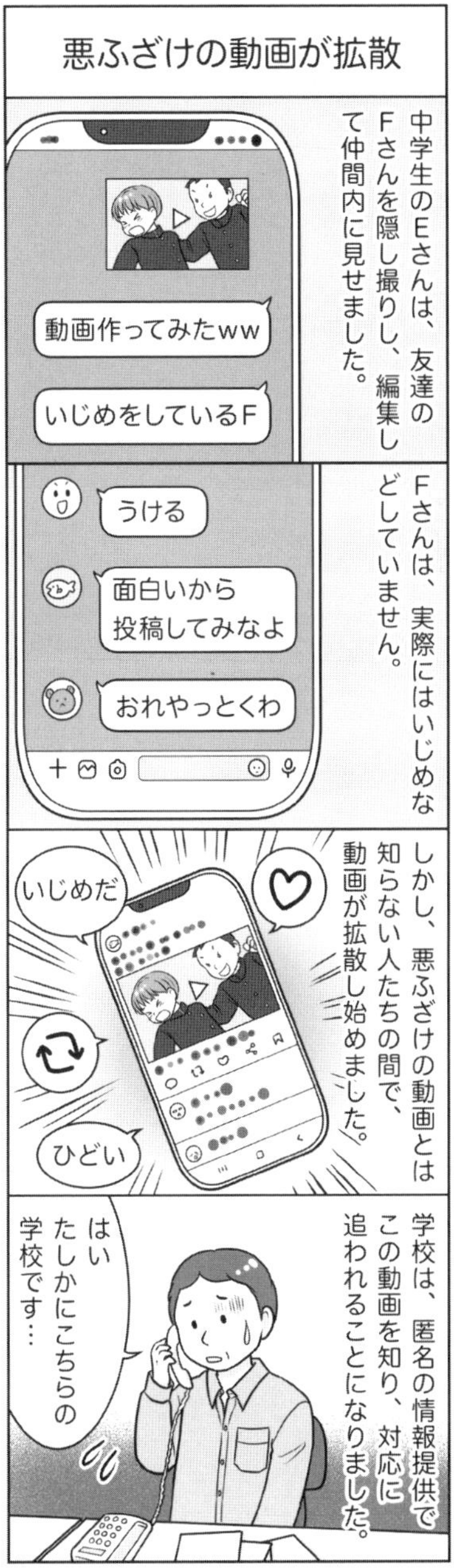
悪ふざけの動画が拡散
中学生のEさんは、友達のFさんを隠し撮りし、編集して仲間内に見せました。
動画作ってみたww
いじめをしているF
Fさんは、実際にはいじめなどしていません。
うける
面白いから投稿してみなよ
おれやっとくわ
しかし、悪ふざけの動画とは知らない人たちの間で、動画が拡散し始めました。
いじめだ
ひどい
学校は、匿名の情報提供でこの動画を知り、対応に追われることになりました。
はい　たしかにこちらの学校です…

不適切な写真や動画の投稿には大きく分けて2種類あります。一つめは、自分以外の周りの人に関する写真や動画を投稿して、人に精神的な苦痛を与えたり実被害を生みだしたりするものです。もう一つは、自分自身の写真や動画を投稿することで、自分自身が精神的な苦痛を味わったり、実被害を受けたりするものです。どちらも大きな児童・生徒指導事案となったり、警察に相談したりする問題に発展することがあります。

この事例では、一般の方から通報を受けた学校側が、投稿した当事者や動画を作った生徒とその保護者を呼びだし、投稿者が動画を削除しました。学校内でその動画を持っている生徒には削除を指示し、学校の先生方の努力により、問題となった動画はある程度は削除されました。しかし、すでにこの動画は**学校外にも拡散**しており、見ず知らずの第三者が別の動画サイトにも投稿していることがわかりました。学校や保護者は動画サイト運営側に削除依頼を申請し、動画の投稿者にも削除依頼を出し続けましたが、この動画が削除されることはありませんでした。幸いその後の拡散はありませんでしたが、Ｆさんとその家族には長い間苦痛が続く結果となりました。

やはり動画サイト運営側が削除依頼に応じなかった、もう一つの事例を見てみましょう。

削除されなかったキス動画
中学生のＧさんは、彼とキスしている動画を撮影し、仲間内のＳＮＳに投稿しました。
コメントがたくさんつき、うれしい気持ちになっていたＧさんでしたが……。
かわいい
いいね！
誰かが、この動画を動画サイトに投稿したようなのです。
この動画、ほかのサイトでも見たよ
え、なんで？
Ｇさんは動画サイトに削除依頼をしましたが、対応してもらえないまま、再生回数がどんどん増えていきました。
800回視聴
どうしよう

この二つの事例で、動画サイト運営側が削除に応じなかった理由として、以下の点が考えられます。

○法に触れたり投稿規定に違反したりしている動画であるということが証明できないということ。
○動画を投稿しているのが当事者ではなく第三者であることから、運営側が確たる理由なしに削除することができないということ。
○似たような事案は全国で数多く発生し、運営側に数多くの削除依頼が寄せられているため、そのすべてに対応することが難しいということ。

このような案件で注意すべきことは、「**一度投稿した写真や動画は簡単には削除できない**」ということです。自分を含めた関係者がどんなにいやな思いをしていても、それが動画やSNSの運営側にきちんと伝わるとは限りません。自分で投稿したものであれば削除は可能ですが、拡散して第三者が投稿した場合は、削除が非常に難しくなります。

投稿された動画が明らかに法に触れるものであったり、閲覧にふさわしくない強い不快感や恐怖を感じる暴力的なものであったりすれば、運営側が自主的に削除をしますし、他者からの通報により削除されることもあります。しかし、一つめの事例のような場合、第三者や運営側がその動画を見ただけで、偽のいじめ動画であると判断することは難しいです。**利用規約に違反していない限り、投稿された動画を削除できるのは投稿した本人のみ**です。運営側が勝手に削除することはできません。第三者が他人の動画を自分の都合のよい理由をつけて削除依頼してくるなどの行為を防いでいる側面もあるためです。その動画が広く閲覧できる状態にあることにより、当該の子どもが大きな精神的苦痛を受けているということをきちんと証明できない限り、運営側は削除してくれないでしょう。

私が対応した事例の中には、運営側に要請して実際に削除できたケースがまれにですがありました。

メールでの意見受付をしているサイトに対して、メールで削除を申請し、「調査します」といったメールの返信があった数日後に削除されたというものです。このケースでポイントとなったのは、メールを送る際にフリーメール等を使わず、運営側が信頼できるであろう独自ドメインのメール（保護者や学校のメールアドレス等）から送ったということが考えられます。しかし、このように削除に応じてもらえるのは、ごく限られたケースでしかありません。運営側への連絡は、サイトのフォームから行う場合がほとんどですから、当該の動画が明らかに違法なものでない限りは対応してくれません。なぜなら、フォームからの書き込みは、記入者がどういう人物であるかを特定することが難しく、真偽を確かめる術《すべ》もないため対応することができないのです。

二つめの事例では、「キスをしている動画が拡散してしまって本人が著しく傷ついている」ということは心情的にはよくわかりますが、インターネット上にキスの動画は何千何万とあるわけで、当該の動画が明らかに問題があるという見方をサイトの運営側はなかなかしてくれません。それでもどうしても削除しなければならない状況であれば、警察等に相談するしかありません。

③ 性被害につながりそうな事案

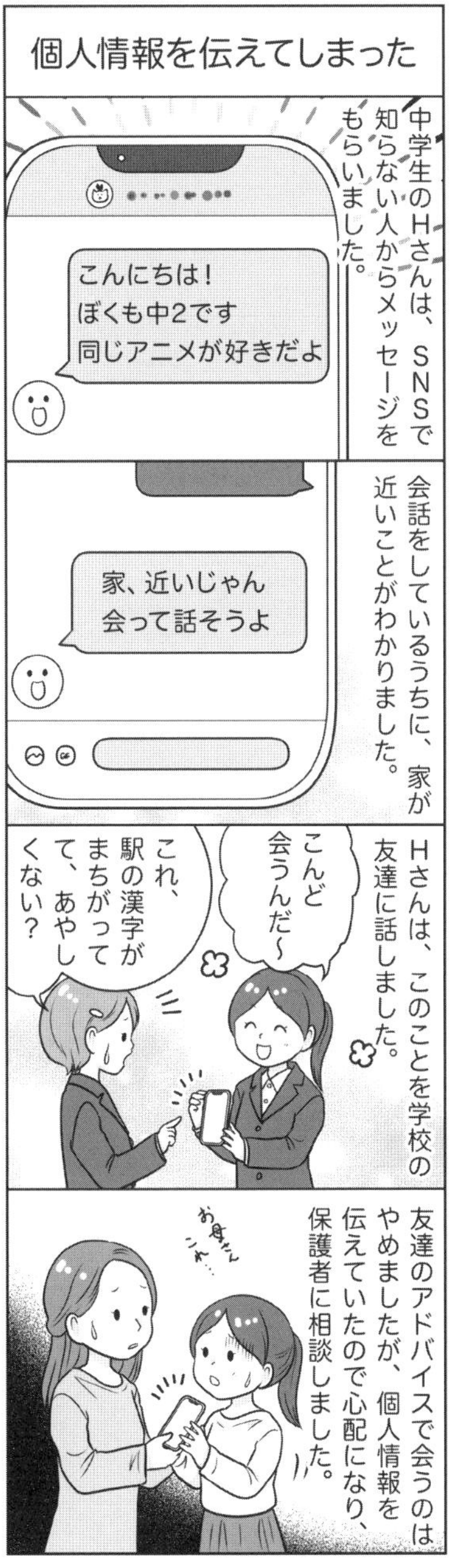
個人情報を伝えてしまった
中学生のHさんは、ＳＮＳで知らない人からメッセージをもらいました。
こんにちは！
ぼくも中2です
同じアニメが好きだよ
会話をしているうちに、家が近いことがわかりました。
家、近いじゃん
会って話そうよ
Hさんは、このことを学校の友達に話しました。
こんど会うんだ～
これ、駅の漢字がまちがってて、あやしくない？
友達のアドバイスで会うのはやめましたが、個人情報を伝えていたので心配になり、保護者に相談しました。
お母さん これ…

性被害につながるような写真や動画の投稿は、一対一のやりとりの中で発生しやすいものです。女子児童、女子生徒が被害に遭う、あるいは被害に遭いそうになるケースがそのほとんどですが、男子児童生徒であっても注意が必要です。このような事案は、**対面での人とのつき合いよりネットでの関わりを好んでいたり、家庭生活や学校生活で悩みを抱えていたりする子どもが陥りやすい傾向**があります。

子どもたちは、家庭や学校で日ごろから、「ネットで知り合う人には十分注意しなさい」ということを何回も聞かされていて知ってはいるのですが、ＳＮＳなどを通して知り合った人の趣味が偶然同じであったり、優しく話を聞いてくれたりすると、相手を信じ込んでいきます。もちろん、ネットで会う人のすべてが悪い人というわけではありませんが、**偶然趣味が合うとか、必要以上に親身になっ**

て考えてくれる相手というのは警戒しなくてはいけないのです。

この事例では、相手はこの時点で明らかな犯罪を行っているわけではありませんが、学校側は、もしものことがあってからでは遅いと判断し、家庭には、相手をSNS上でブロックした後、警察に相談するようにアドバイスしました。Hさんの保護者は警察に相談して話を聞いてもらい、直接接触してきたり、情報が拡散されたりするようなことがあったらすぐ警察に連絡を入れることになりました。幸いにもその後、相手からのコンタクト等はありませんでした。

もう一つの事例を見てみましょう。

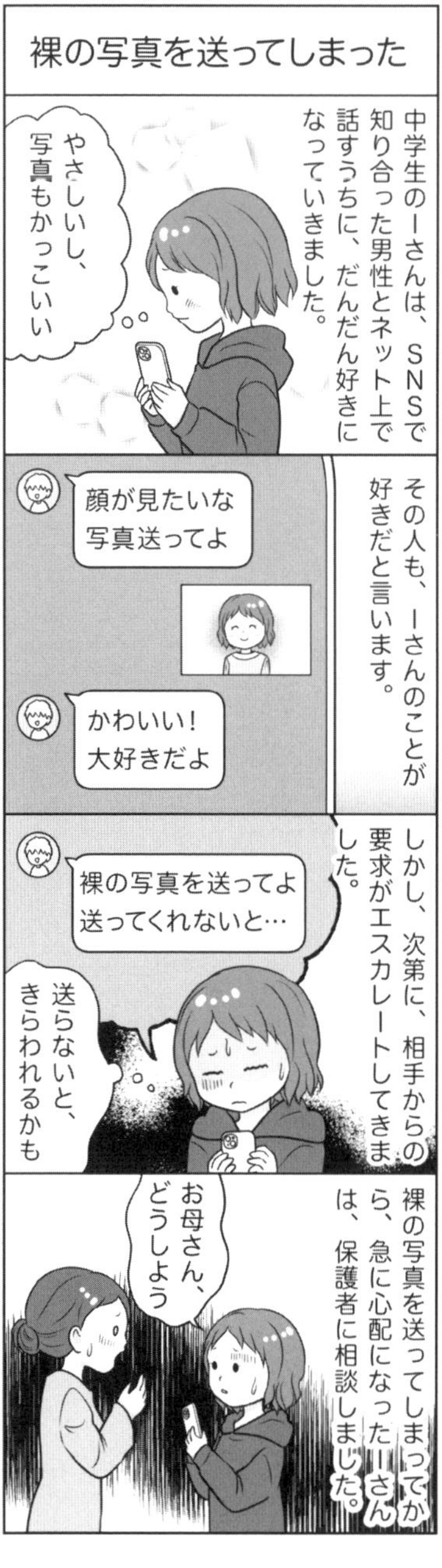

「裸の写真を送ってしまった」ということは重大な問題です。悪用されたり拡散されたりする可能性もあります。相手を大切に思っているのならこんな要求はしてきませんし、ましてや脅して送らせ

ようとするなど言語道断です。18歳未満の児童に裸や下着姿の自撮り写真を送らせようとした場合、児童ポルノ禁止法違反が成立する可能性があります。**迷わず直ちに警察に通報すべき事案**です。Iさんの保護者は学校から助言を受けて警察に相談したところ、すぐに捜査することになり、数日後には遠く離れた県にいた相手が特定されました。

この二つの事例に限らず、多くの同様の事例が報告されていますが、根本の部分で共通していることがあります。それはインターネットを介したやりとりの独特な特徴です。現実の世界や対面では、相手のよいところ（優しさや明るさ、尊敬できる部分など）も見えますが、反対によくないところ、たとえば怒ったり、ごまかしたり、だらしなかったりする姿も見えてきます。しかし、インターネットを介したやりとりでは、都合のいい部分だけを相手に見せ、よい人間を演じることが可能で、そのやりとりをくり返していると、**とてつもなく「すてきな相手」の偶像ができあがってしまう**のです。

「ネットの向こうの相手には警戒しなくてはならない」という基本的なことを頭では理解していても、「理想の相手に嫌われたくない」という心理が強く働くことが多く、大人から見れば「なんでそんなことを……」と思うことまでしてしまうのです。

ネットを介したやりとりに十分に注意するということは、1回や2回聞いただけで簡単に守れることではないのです。家庭や学校では、くり返しくり返し指導することが必要ですし、保護者は子どもに任せきりにせず、ネットを介してどのようなことをしているのかをある程度把握しているべきです。

また学校としては、Hさんの友達のように**冷静に状況を判断し、疑ってかかるくらいのリテラシーを身につけた児童生徒を、一人でも多くしておく**ことが、子ども同士のブレーキとなります。情報リテラシーの高い子どもが早期発見者となり、事前に問題を防ぐことにもつながるのです。

4 ゲームの「課金」に関する事例

パンやノートのお金が

小学生のJさんのお母さんは知り合いから、思わぬことを聞きました。

あら！

Jくん、よくプリペイドカードを買いにくるけど知ってる？

えっ!?

最近、パン代や文房具代をねだられていたけど、こんなことに使っていたなんて…

ゲームにお金を使ううちにお小遣いでは足りなくなり、お金を催促するようになっていたのです。

お金ちょうだい
また？

おじいちゃんの財布から

小学生のKさんのおじいさんの財布から、7万円がなくなりました。

実は、最近数千円ずつお金がなくなっていることは知っていたのです。

今日も…

孫がゲームにお金を使っていることも知っていましたが、孫かわいさに黙っていたのです。

まあ、いいか…

しかし、金額がエスカレートしてきたために両親に話し、Kさんのやっていたことが明るみになりました。

えっ!?

オンラインゲームにまつわる「課金」のトラブルが増えています。小学校も高学年になれば、お小遣いぐらいは自分で管理した方がよいといわれることもありますが、保護者は、自分の子どものお金の管理について子どもに任せきるのではなく、どういう状況にあるかを把握しておくべきだと思います。急に金遣いが荒くなったら要注意です。

ゲームへの課金は、数百円〜数千円でがまんできる子どももいますが、ゲームの中でもっと強くなりたい、もっと豪華に見せたいという欲求が高まってくると、際限なくお金をつぎ込みたくなります。このような心理状況になると、一個１００円のパンを買うかどうかには迷うのに、ゲームの課金の数千円、数万円は平気で使えるようになっていきます（大人で数十万円の課金をしている人が、カップラーメンなどを食べて節約生活を送っているという話をよく聞きます）。

また、警察関係の人に話を聞くと、親や祖父母の財布からお金を抜くという保護者からの相談が増えてきているそうです。わが子が家庭内でやったことをわざわざ警察に相談するというのは、ふつう考えられないことですが、子どもにいくら注意しても止められない、財布を隠しても隠しても探しだして抜こうとする、といったことが家庭内で起きていて、いわばいましめのために警察から指導してもらいたいという相談が多いようです。課金は中毒性が強いので、このような深刻な事態になる前に、**必ず保護者が子どものお金の管理に関わっていてほしい**と思います。

さらに、次に挙げる事例は、保護者のスマホを通してクレジットカードで多額のお金を使ってしまったという課金のトラブルです。

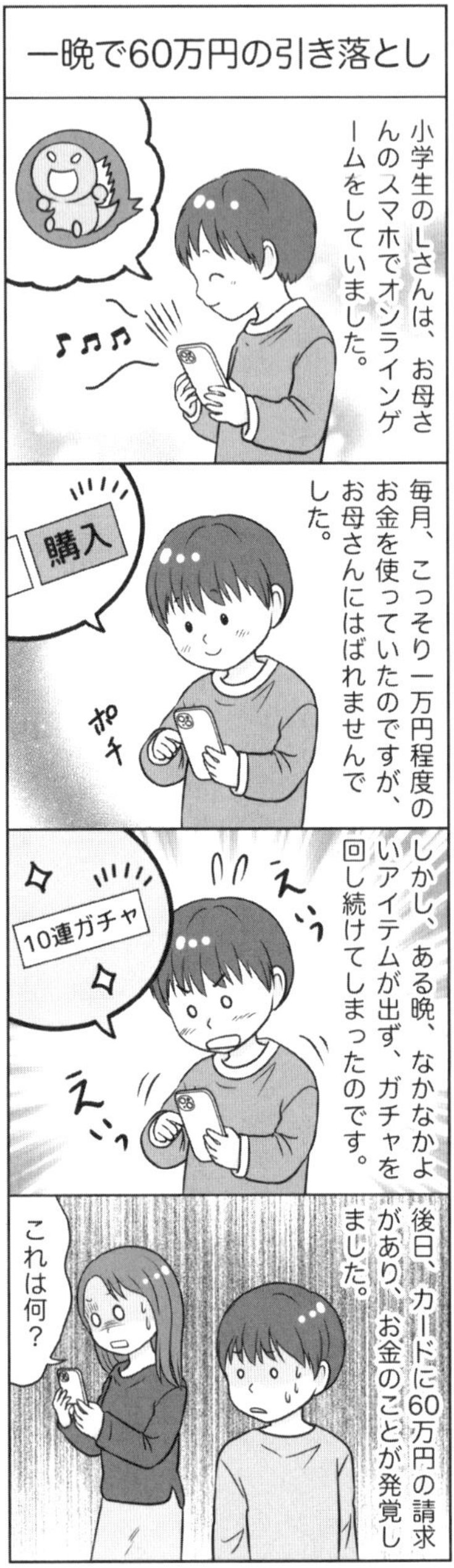
一晩で60万円の引き落とし
小学生のLさんは、お母さんのスマホでオンラインゲームをしていました。
毎月、こっそり一万円程度のお金を使っていたのですが、お母さんにはばれませんでした。
購入
ポチ
しかし、ある晩、なかなかよいアイテムが出ず、ガチャを回し続けてしまったのです。
えっ
10連ガチャ
えっ
後日、カードに60万円の請求があり、お金のことが発覚しました。
これは何？

この事例のような高額の課金トラブルは、そのほとんどが保護者のスマホやクレジットカードを使って起きます。子ども専用のスマホ（キッズ携帯）は制限がかかっていて、基本的には課金をすることが難しいのですが、保護者のスマホでは簡単に課金をすることができる場合があります。

スマホでのオンライン決済が始まったころ、多くの人は毎回パスワードを打ち込んでいましたが、最近はパスワード入力を省略していることもあります。特に、保護者の使い古しのスマホを子どもに与えて家庭内のWi-Fiで使っていると、簡単にカード決済、キャリア決済をすることができてしまう場合があります。「使い古しのスマホなら課金できないから大丈夫」といった安易な考えの保護者もいるので、**保護者への注意喚起も急務**です。

クレジットカードを使ったトラブルも起きています。家族が家に無造作にクレジットカードを置いておけば、16桁のカードナンバーとセキュリティコードで、子どもでも買い物や課金ができてしまいます。**保護者には知らないふりをしていても、実は使い方を知っている子どもは少なくありません。**

ゲームの課金に関わる管理は、子ども任せではなく、保護者がしっかり関わる必要があります。

オンラインゲームでは課金をする場面で、「有料のアイテムは、年齢によって購入できる金額が決まっています。お父さんやお母さんの許可をもらうか、一緒に買うようにしてください」といったような注意喚起の画面が出ますが、そのあとの年齢確認の画面でたとえば「20歳以上」というボタンを押すだけで購入できてしまいます。その画面を保護者に見せにいく子どもはあまりいないようです。**「課金に関しては親の責任」といっても過言でないことを、広く啓発していく**必要があります。

子どもが保護者に黙って課金した場合は、申請・交渉することによって返金されることがあります。消費者ホットラインに相談をしたり、支払い方法によってはAppleやGoogleに返金を求める交渉(相談)をしたりすることで、返金の話が進むケースもあります。ただし、申請・交渉したからといって、「はい、わかりました」などと応じてもらえるケースはなく、購入のいきさつ、履歴などを正確に細かく報告・証明していく中で返金に応じてもらえる場合もあるということです。

私が知る中でも、50万円を超える課金を交渉により返金してもらえたケースがあります。交渉は数多くの面倒な手続きを進めていき、日数も数か月単位で必要になります。この作業は簡単ではなく、たいへんなエネルギーが必要です。しかも、「利用規約にきちんと示してある」等の理由で返金に応じてもらえないケースもあるのです。そもそも利用した未成年者が「成人である」と偽って購入しているのであれば、簡単には応じてもらえないのが実情です。私が知る最高額（１００万円を超えています）のケースでは、長い交渉の努力もむなしく、返金されませんでした。まずは**未然に防止すること**を各家庭で心がけてもらうように啓発していきましょう。

5 ネットいじめ、誹謗中傷の特徴的な事例

まず、いじめとは何かを改めて確認しましょう。2011年に起きた「大津いじめ事件」を受けて2013年に「いじめ防止対策推進法」が施行され、いじめの定義がはっきりと示されました。

> 第一章　総則（定義）『この法律において「いじめ」とは、児童等に対して、当該児童等が在籍する学校に在籍している等当該児童等と一定の人的関係にある他の児童等が行う心理的又は物理的な影響を与える行為（インターネットを通じて行われるものを含む。）であって、当該行為の対象となった児童等が心身の苦痛を感じているものをいう。』

大津市でのいじめは、いわゆるリアル（対面）でのものでしたが、それを受けて成立、施行されたこの法律にははっきりと「インターネットを通じて行われるものを含む」と示されていることからも、2013年の時点で**ネットを介したいじめが見逃すことのできない存在**になっていたことがわかります。今やネットを介したいじめや誹謗中傷は、SNSやメール、アプリ等々、さまざまな場所・方法で行われるようになり、その相談内容も多岐にわたっています。

ここでは相談を受けたものや把握できたものを大きく3つの種類に分け、事例を挙げてその対応について扱います。

① 直接のメールやメッセージ機能を使ったいじめ

メールやメッセージで直接相手を攻撃するいじめは、携帯電話が広く普及した2000年ごろから見られるようになりました。攻撃したい相手の情報端末へのメールやショートメッセージ、あるいは使用しているSNSのダイレクトメッセージ機能などを使って、直接の文章で嫌がらせなどをします。くり返ししつこくメッセージを送られたり、多数の人からメッセージを送られたりすると、受け手の精神的なダメージは相当大きくなります。

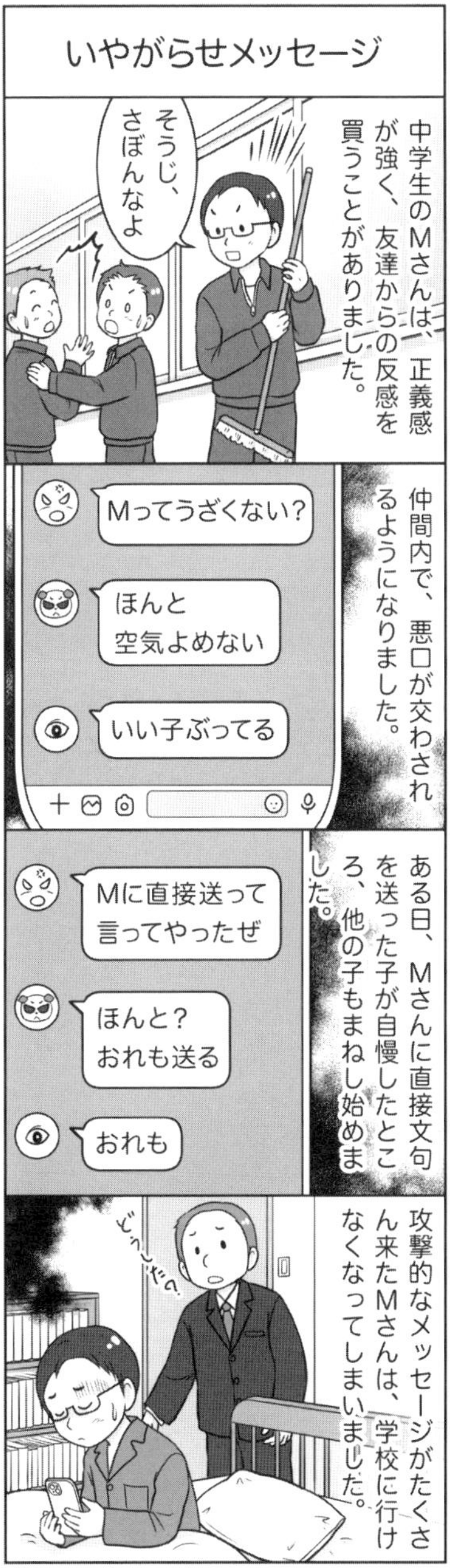
いやがらせメッセージ
中学生のMさんは、正義感が強く、友達からの反感を買うことがありました。
そうじ、さぼんなよ
仲間内で、悪口が交わされるようになりました。
Mってうざくない？
ほんと
空気よめない
いい子ぶってる
ある日、Mさんに直接文句を送った子が自慢したところ、他の子もまねし始めました。
Mに直接送って
言ってやったぜ
ほんと？
おれも送る
おれも
攻撃的なメッセージがたくさん来たMさんは、学校に行けなくなってしまいました。
どうしたの？

この事例では、加害者が特定できるアカウントを使ってメッセージを送っているため、対面で直接言われているのと同じような状況のようにも見えます。しかしネットを介したメッセージでは、相手の顔が見えませんし、反論など聞かず一方的に何回も、あるいは長文を送りつけられることで、受け手の側はどうしようもない絶望感に陥ったり、激しい怒りを覚えたりします。ネットを介したこうしたいじめでは、加害者側が相手に面と向かって言う必要がないので、より辛らつなことばを浴びせることができ、しかもいつでも送りつけることができるのです。

また、直接対面する場でのできごとならば、被害者側が「会いたくない」と思えば、その場所から逃げるという選択をとれることもありますが、ネットを介したメッセージでは、自分の部屋にいても悪口を言われるわけですから逃げ場がありません。寝ている間に送りつけられるかもしれないと思うと、ゆっくり寝ることさえできなくなります。

この種のいじめは、相手が誰だかはわかっているので、**「記録を残す」ということがとても重要**です。受け取った形のメッセージですので自分のところに残っているのが通常ですが、SNSによっては、送信後に送信側から削除できたり、一定の時間がたつとなくなる場合があります。スクリーンショットで残したり、プリントアウトしたりしておくことが大切です。

また、学校側は、事後の対応はもちろんですが、未然に防止することが非常に重要です。**メッセージを送りつけている側の子どもたちはその重大さがわかっていない**ことが多いので、オンラインのいじめは、リアル・対面のいじめの何倍ものダメージがあることや、送られた人がどのような思いで日々を過ごすことになるのかをしっかり理解させる必要があります。

② 匿名性を利用し不安にさせるいじめ

①のケースと似てはいるものの、送りつけてくる相手が誰かがわからず、被害者が大きな不安を感じるケースが、裏アカウントやなりすましを使ったいじめです。

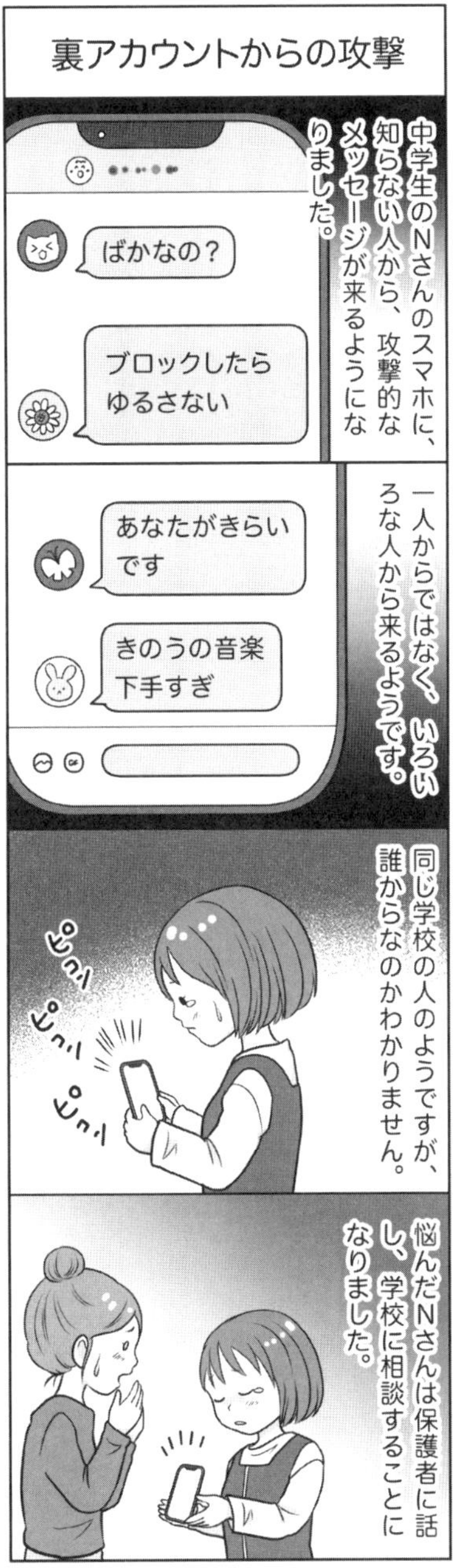
裏アカウントからの攻撃
中学生のNさんのスマホに、知らない人から、攻撃的なメッセージが来るようになりました。
ばかなの？
ブロックしたらゆるさない
一人からではなく、いろいろな人から来るようです。
あなたがきらいです
きのうの音楽下手すぎ
同じ学校の人のようですが、誰からなのかわかりません。
悩んだNさんは保護者に話し、学校に相談することになりました。

加害者が、誰なのか特定できないアカウント、いわゆる裏アカウントを使ってメッセージを送りつけてくると、相手が誰かがわからず不快さや不安さが増します。また、違う友達になりすましてメッセージを送りつけられ、その友達への信頼や関係がくずれることもあります。リアルな状況にたとえれば、「机の中に悪口を書いた紙が入っていたが相手が誰だかわからない」、あるいは「差出人に友達の名前が書いてあったが、本当にその友達が書いたのかどうかがわからない」という状況と同じです。しかし、リアルの場合に比べてネットを介した場合の方が、「どこの誰かがわからない」の範囲を広く感じてしまい、**受け手側のダメージが大きい**といわれています。またリアルでは、誰かと遭遇したり、残った物理的な証拠から加害者がわかってしまう可能性がありますが、ネットを介せば簡単に匿名で実行できてしまいます。

この事例で使用されたSNSは、18歳未満に向けてメッセージを送ることができない制限がありましたが、Nさんは年齢を偽っていたために、誰からでもメッセージを受け取れる状態でした。多くのSNSは青少年保護の観点からさまざまな年齢制限がありますが、子どもがそれを「使いにくい」と感じると、**年齢を偽って登録することが少なくありません**。Nさんに届いていたメッセージは同一人物からでした。このSNSはアカウントを複数作ることができたので、複数の裏アカウントを使っていじめをしていたのです。

情報モラル教育は、「自分の身を守る術《すべ》」を学ぶ教育でもあります。トラブルの未然防止という点から、メジャーなSNSは青少年を守る取り組みとして年齢制限をかける機能がありますから、**正しい年齢でアカウントを作って使うことが自分自身を守ることにつながる**ことや、**保護者は子どもの使い方に注目して、年齢相応の使い方ができるように責任をもつ**ことを自覚してほしいと思います。

③情報を拡散させるいじめ

SNSの利用が子どもたちの間で広がり始めたころ、ネット上には皆が見ることができる「掲示板」というものがありました。実際の公共施設などに置いてあるアナログの掲示板はその場に行かないと見られませんが、ネット上の掲示板は、多くの人、たとえば日本中のあるいは世界中の人がそれを見ることができるわけです。時は過ぎ、最近のSNSは「掲示板」と題した場を設けることは少なくなってきていますが、グループのみんなが書き込める場所、あるいは広く一般に誰でも書き込める場所があり、「掲示板」と同じような役割を果たしています。同様に「スレッドを立てる」ことで「掲示板」に近い使い方ができます。スレッドとは新しいトピックや議題をユーザーが書き込み、それに対する議論やコメントを収集するものです。ユーザーが新しい話題を投稿し、ほかのユーザーがそれに対して返信や意見を提供して会話を行います。多くの人が見るであろうその場所に、**特定の人物への悪口を書いたり、その人の品位を落としたり、悪い人と思わせたりするような書き込みをするいじめ**も多く見られます。

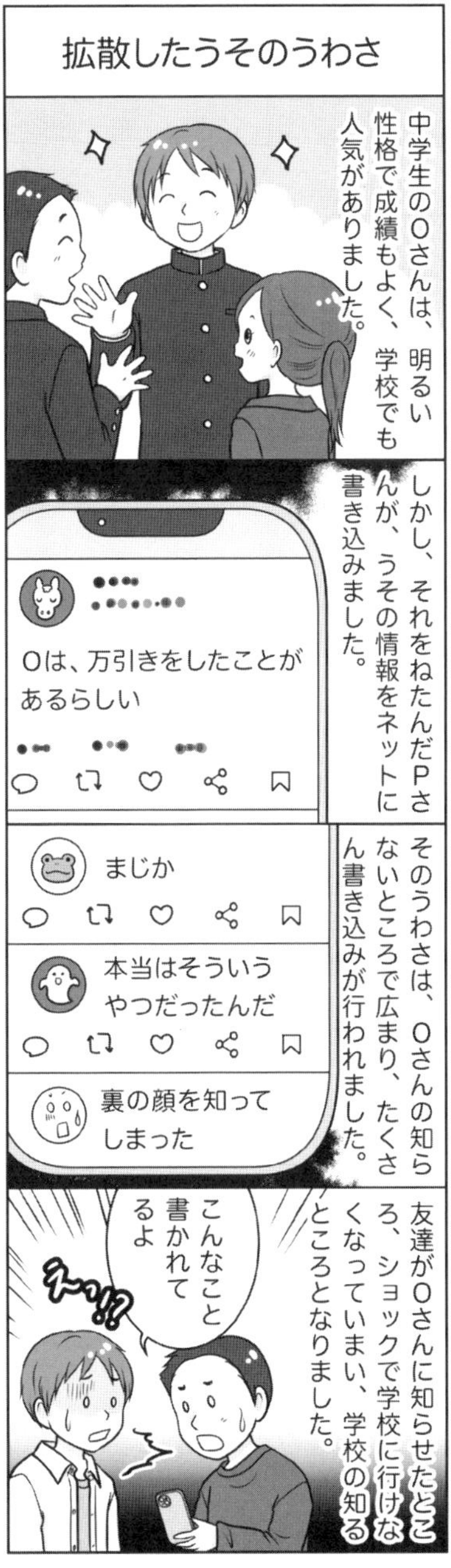
拡散したうそのうわさ
中学生のOさんは、明るい性格で成績もよく、学校でも人気がありました。
しかし、それをねたんだPさんが、うその情報をネットに書き込みました。
Oは、万引きをしたことがあるらしい
そのうわさは、Oさんの知らないところで広まり、たくさん書き込みが行われました。
まじか
本当はそういうやつだったんだ
裏の顔を知ってしまった
友達がOさんに知らせたところ、ショックで学校に行けなくなってしまい、学校の知るところとなりました。
こんなこと書かれてるよ
えっ!?

この事例のような書き込みは、通常、ハンドルネーム（ネット上の仮の名前）を使って行われます。人をおとしめるような書き込みは、仲間内であれば、誰が書き込んだかわかってしまうので、誰が書き込んだかわからないように、いつもとは違う裏アカウントを使って書き込まれるのがほとんどです。いじめや誹謗中傷を受ける本人がその書き込みを見つけることもありますが、多くのケースでは友達や第三者が見つけて本人に知らせます。自分以外の人から知らされることで、当人は「それまで気づいていなかった」というショックを受け、「もうすでに多くの人がこの書き込みを見ている」と感じてしまうのです。この事例のように悪質なケースでは、書き込んだ本人が相手の悲しむ姿、怒る姿を見て満足するということが少なくありません。

悪質な書き込みで大きな被害が生じていて、学校や所属している団体が調べても、相手が特定できないときなどは、保護者とよく相談の上、警察に相談するとよいでしょう。書き込んだ本人は匿名のつもりでしょうが、警察が実際に捜査すれば、通常は簡単に相手を特定することができます。

このようないじめに対しても、学校は未然防止の取り組みを必ず行っておくべきです。書き込んだ内容は広く誰でも見ることができ、**相手の人権を著しく侵害する**ものであるという道徳的な観点からの学習をしっかり行っておく必要があります。また、**「ネット上に書き込んだものは、警察が調べれば通常はすぐ特定される」ということを子どもに教えておく**ことが、こういった書き込みの抑止になると考えられます。

これらの三つの事例を通していえることですが、このような事案が発生しないためには、リアルの人間関係づくりと同じく、家庭や地域社会、学校での人権教育をより充実させるしかありません。情報端末の機能を使って防げるのは物理的な防止でしかなく、根本の解決になっていません。**相手の気持ちを思いやる、たがいを理解し合うという心の教育を、日常から推進していく**ことが何よりも大切です。

6 ネット被害、性被害に遭ったらどうするか

ここまで、いろいろな事例や未然防止について扱ってきましたが、それでも事案が起きてしまったらどうするのかについて考えてみます。インターネットに関する被害は多岐にわたっており、数え切れないほどの種類があり、かつ起きている状況にも差があり、「この場合はこう対応する」というマニュアル的なものを示すことは難しいです。しかし、共通しておさえるべきポイントがいくつかあるので紹介します。

① 被害の拡散防止

一刻も早く対応すべき事案は、個人情報、写真や動画の流出・拡散を防がなくてはならない事案です。特に、問題がある写真や動画はあっという間に拡散してしまいますから、**瞬時に状況把握をしてすぐ対応**します。いざ事案が発生すると、特に事案に関係が深い大人は、「なぜ、どうしてこの事案が発生したのか」を知りたがる傾向がありますが、それは後回しにしてすぐ拡散防止の手を打ちます。まずはもとになっている写真や動画をいち早く削除し、コピーされていればその先をたどって削除をくり返します。自分では削除できない（他人のアカウント等）場合で警察の力を借りる必要があれば、被害者の保護者にいち早く確認し、保護者から通報してもらいます。ＳＮＳや動画サイトの運営に連絡をしてもすぐ対応してもらえることは少ないため、**警察への通報を優先**しましょう。

②証拠をきちんと残しておく

加害者を特定するためには証拠をきちんと残しておく必要があります。「写真・書き込みはどこどこのページにあった」「詐欺ページのURLが○○であった」というだけでは、確認しようとしたときにはすでに削除されているということがあります。スクリーンショットやプリントアウトした画面を保存しておけば立派な証拠となります。

③クレジットカードの不正利用等

不正利用に気づいたら、すぐカード会社に連絡をしてカードの利用停止をしてもらいます。被害拡大を防ぐなら、**何よりも先にカード会社**へ連絡することです。続いて警察に被害を訴えます。

クレジットカードの不正利用被害に遭ったら、カード会社に届け出た日から通常は60日さかのぼって不正利用分についてだけ補償されます。したがって、早く気づき、早く連絡する必要があるのです。

④警察への相談は躊躇《ちゅうちょ》せず

警察はサイバー犯罪等の分野にかなりの力を入れており、すばやく、手際よく捜査を進めてくれます。立件ばかりを目的とせず、相談という形でも対応してくれます。女子の性に関する事案は、被害者のプライバシー等に配慮して女性警察官が対応してくれますし、パトカーでなく乗用車で、また私服で対応もしてくれます。基本的に被害者であれば、「SNSを安易に使うからこうなった」などと警察から怒られることもなく「被害者」として温かく対応してくれるものなので**躊躇せずに相談**しましょう。

【困ったときの各種相談窓口】

多くの相談窓口がありますが、代表的な相談窓口を以下に挙げます。

■厚生労働省「まもろうよ　こころ」
https://www.mhlw.go.jp/mamorouyokokoro/
…相談窓口の電話番号、ＳＮＳでの相談窓口などが各種紹介されています。

■内閣府「性犯罪・性暴力被害者のためのワンストップ支援センター」
https://www.gender.go.jp/policy/no_violence/seibouryoku/consult.html
…性犯罪・性暴力に関する相談窓口として、都道府県別の相談窓口の電話番号が紹介されています。

■警察相談専用電話「＃９１１０」
…犯罪や事故に当たるのかわからない、ストーカーやＤＶ・悪質商法等を警察に相談したい場合に対応しています。

■警察庁「各都道府県のサイバー犯罪相談窓口一覧」
https://www.npa.go.jp/bureau/cyber/soudan.html
…都道府県別のサイバー犯罪相談窓口へのリンクを掲載しています。

■消費者庁「消費者ホットライン１８８」
…商品やサービスなど消費生活全般に関する苦情や問合せに対応しています。

■独立行政法人国立病院機構久里浜医療センター「アルコール健康障害・薬物依存症・ギャンブル等依存症　全国医療機関／回復施設リスト」
https://list.kurihama-med.jp/
…全国の依存症に対応できる専門の医療機関・回復施設の情報を集約した資料集です。

おわりに

子どものネットトラブル、情報端末への過剰接触による依存傾向等について、「子どもが悪い」ととらえがちな大人が少なくありません。しかし、子どもに責任を求め、子どもだけに改善を求めても、よい方向へは進みません。子どもの情報端末との上手なつき合い方を考えることは、むしろ、家庭や教育者に求められるべき責務であると考えるべきです。子どもたちはデジタルな環境で育っており、その中でさまざまな情報に触れることが日常化しています。大人たち自身も常に学び続け、テクノロジーの進化に対応する姿勢が求められます。そして教育機関や家庭は、子どもたちに対して適切な情報リテラシー・情報モラル教育を行い、情報端末を有効に活用するための素地を育てるとともに、自分の身を守る、健康を守るための術《すべ》を身につけさせなくてはなりません。

子どもたちの情報リテラシー・モラルが向上することは、学校や家庭だけでなく、社会全体にとってもプラスとなります。子どもたちが安全に、安心して情報端末を活用できるよう、学校と家庭、地域社会が共に努力し、協力して未来の情報社会に備えることが不可欠です。

また、多くの子どもたちがデジタルな環境で育っているからこそ、リアルな関わりの中で体得してほしい「五感」、そして「相手を思いやり、たがいに助け合う心」の育成に、学校、家庭、地域社会が協力して取り組んでいただきたいと思います。よりよい情報端末の活用、リアルな関わりの中での心の成長、双方を実現させていくことが、現代の、そして今後の情報社会の健全な発展に寄与することであり、私たちの共通の責務であり、願いでもあるのです。

松島恒志

■引用・参考文献・ホームページ■

株式会社 NTT ドコモ モバイル社会研究所「モバイル社会白書」2023 年版
https://www.moba-ken.jp/whitepaper/（2024 年 1 月 28 日閲覧）

公益社団法人日本小児科医会　子どもとメディア委員会
https://www.jpa-web.org/about/organization_chart/cm_committee.html（2024 年 1 月 28 日閲覧）

公益社団法人日本ユニセフ協会（2020 年）ユニセフ報告書「レポートカード 16」先進国の子どもの幸福度をランキング　日本の子どもに関する結果
https://www.unicef.or.jp/report/20200902.html（2024 年 1 月 28 日閲覧）

厚生労働省「令和 5 年度自殺対策白書」
https://www.mhlw.go.jp/stf/seisakunitsuite/bunya/hukushi_kaigo/seikatsuhogo/jisatsu/jisatsuhakusyo2023.html（2024 年 2 月 7 日閲覧）

子どもとメディア信州
https://sites.google.com/view/komesin/（2024 年 1 月 28 日閲覧）

スポーツ庁　令和 3 年度 全国体力・運動能力、運動習慣等調査の結果（概要）について
https://www.mext.go.jp/sports/content/20211222-spt_sseisaku02-000019583_111.pdf（2024 年 1 月 28 日閲覧）

WHO（2019 年）5 歳未満の子供の身体活動、座りっぱなしの行動、睡眠に関するガイドライン
https://iris.who.int/handle/10665/311664（2024 年 1 月 28 日閲覧）

特定非営利活動法人コンピュータエンターテインメントレーティング機構（CERO）「レーティング制度について」
https://www.cero.gr.jp/publics/index/17/（2024 年 1 月 28 日閲覧）

長野県教育委員会「インターネットについてのアンケート」について
https://www.pref.nagano.lg.jp/kyoiku/kokoro/shido/ketai/anketo.html（2024 年 1 月 28 日閲覧）

文部科学省（2017 年）『小学校学習指導要領（平成 29 年告示）解説 総則編』

文部科学省（2017 年）『中学校学習指導要領（平成 29 年告示）解説 総則編』

文部科学省（2023 年）初等中等教育局「初等中等教育段階における生成 AI の利用に関する暫定的なガイドライン」
https://www.mext.go.jp/content/20230710-mxt_shuukyo02-000030823_003.pdf（2024 年 1 月 28 日閲覧）

文部科学省（2021 年）端末利用に当たっての児童生徒の健康への配慮等に関する啓発リーフレットについて
https://www.mext.go.jp/a_menu/shotou/zyouhou/detail/mext_00001.html（2024 年 1 月 28 日閲覧）

【著者紹介】

松島恒志（まつしま・つねし）

1962年、長野県生まれ。1985年から長野県内の小学校教員、中学校管理職、校長、教育委員会等に従事。信濃教育会教育研究所、長野県総合教育センターに在籍時は「ネットいじめ」「ネット依存」等について調査研究し、「子どものメディアとの上手なつきあいかた」「メディアに頼らない子育てのあり方」等について講演を数多く行いながら、ネットを介したさまざまな問題について相談に応じてきた。2019年に「子どもとメディア信州」を立ち上げ、自らが代表を務める。同年内閣府主催「第27回青少年のインターネット利用環境づくりフォーラム」コーディネーターを務める。「子どもとメディア全国セミナー」（日本小児科医会共催事業）において講師を務めるなど、全国規模の講演も行っている。 近著『親子で考えよう　スマホの使い方』（信教出版）。2024年より松本大学全学教職センター専門員。

学校から保護者へ伝える

スマホ・タブレットと健康的につき合える子どもの育て方

2024年3月30日　第1刷発行
2024年4月30日　第2刷発行

著　者 ―――― 松島恒志
発行者 ―――― 河野晋三
発行所 ―――― 株式会社 日本標準
〒350-1221　埼玉県日高市下大谷沢91-5
電話　04-2935-4671
FAX　050-3737-8750
URL　https://www.nipponhyojun.co.jp/
マンガ ―――― くまの広珠
装丁・本文デザイン ― アイマージデザイン　平岡晴海
企画・編集 ―――― 岡 真由美
印刷・製本 ―――― 株式会社リーブルテック

©Matsushima Tsuneshi 2024　Printed in Japan　ISBN 978-4-8208-0752-0

◆乱丁・落丁の場合はお取り替えいたします。　◆定価はカバーに表示してあります。